5 ककार

लेखक
स. जसमेर सिंह होठी

अनुवाद
डॉ. जसविन्दर कौर बिन्द्रा

डायमंड बुक्स
www.diamondbook.in

लेखक की अन्य पंजाबी रचनाएं

- ☛ पंचा के बसि रे
- ☛ दसम दुआरा अगम अपारा
- ☛ संतन की महिमा
- ☛ सत वार
- ☛ मूल मंत्र वीचार
- ☛ 5 ककार

हिन्दी में

- ☛ सात वार
- ☛ मूल मंत्र विचार
- ☛ 5 ककार

5 ककार

लेखक

स. जसमेर सिंह होठी
बरमिंघम यू.के.

डायमंड बुक्स
www.diamondbook.in

प्रकाशक : डायमंड पॉकेट बुक्स प्रा. लि.
X-30, ओखला इंडस्ट्रियल एरिया, फेज-II
नई दिल्ली-110020
फोन : 011-40712200
ई-मेल : sales@dpb.in
वेबसाइट : www.diamondbook.in

5 KAKAAR

By : *Jasmer Singh Hothi*

Jasmer Singh Hothi
142, Grestone Avenue,
Handsworth Wood,
Birmingham B20 1LD, U. K.
Tel. 0044 7956 890702
Email : hothijsingh@yahoo.co.uk
jasmersingh@mail.com

समर्पण

हौं खालसहि कहु, खालसा मेरो।।
ओतपोत सागर बूंदेरो।।
सरब लोह ग्रंथ

खालसा पंथ के चरणों में अत्यन्त नम्रता सहित अर्पित ऐसा सर्वदेशीय, सर्वखंडी खालस समूह, जिसे श्री गुरू गोबिंद सिंह जी ने पूर्ण सतिगुर, सजण सूरा, जान की जान और अपना कहा है। ऐसे खालसे की

उपमा खालसहि जाति न कही।।
जिहवा ऐक पारु नही लही।।

सरब लोह ग्रंथ

—जसमेर सिंह होठी

सिख रहत

- जसमेर सिंह होठी -

खंडा फेर विच बाटे सरब लोह दे, पढ़ बाणियां अंम्रित बणा दित्ता।
सीस नेत्रां दे विच दे छट्टा, मुख राहीं वी अंम्रित पिआ दित्ता।
हुण तूं हैं पुरख पूरन दा, इह खालसे तांई जणा दित्ता।
है फतहि वी उसे वाहिगुरू दी, गुरू गोबिंद जी मुखों सुणा दित्ता।

छड्डणा आपा ते रखणी रहत सदा, इह सिखां दे तांई दरसा दित्ता।
सलामत रखणे सदा ने केस सारे, कंघा, लकड़ी, केसी सजा दित्ता।
अंग–संग रख्खीं क्रिपान तांई, कड़ा सरबलोह, हथ्थीं पहिना दित्ता।
पक्का रही जत–सत के विच, अरथ कछहिरे दा सही समझा दित्ता।

जुल्म करना ते ना कदी सहिणा ऐ, रखिआ करनी सदा गरीब दी ऐ।
हथ्थों दे शुकर मनाई रब दा, मिलणा तैनूं जो विच नसीब दे ऐ।
छडणा कुठे ते तंबाकू तांई, रहणा, विच ग्रहिसत, तागीद वी ऐ।
अदब रखणा केसां दा गुरू वांगूं, इह हुक्म तांई मुरीद वी ऐ।
रख्खीं रहत ते बाणी पढ़ी मुखों, कमी कोई वी तैनू ना आउुण लग्गी।
जो दिल होवे ओही मुख उुपर, रीत बिपर दी मैनूं ना भाउुण लग्गी।

नाम जपणा है सदा हर वेले, उुदम धार के सुभा नूं जागणा ऐ।
परचे पै जांदे कई वार औखे, काम क्रोध ते लोभ नूं त्यागणा ऐ।
किरत करनी है सदा धरम वाली, भुखिआं तांई प्रषादा छकावणा ऐ।
होठी गुरू साडा है नाल संगे, ऐसा दुनिआं तांई दिखावणा ऐ।

○

विषय-सूची

आशीर्वाद
महिमा जा की गहिर गंभीर

कल्गीधर पातशाह ने श्री केसगढ़ साहिब (अनंदपुर साहिब) के स्थान पर अपनी उत्तम परख तेग की धार द्वारा करके, दुनिया के मंच पर विलक्ष्ण उसूलों और अद्वितीय पहचान वाली अनूठी कौम, ''खालसा पंथ'' के रूप में प्रकट की। इस खालसाई पंथ के राही गुरसिखों की आत्मिक उन्नति के लिए कल्गीधर जी ने सुबह के समय परमात्मा की उस्तति करने के लिए पांच बाणियों की अराधना, शाम को सोदरु–रहिरासि का पाठ और रात को आराम करने से पहले परमात्मा का यश करने के लिए सोहिले की बाणी पढ़ने का हुक्म ''नितनेम'' के रूप में किया। जहां गुरू साहिब ने अपने प्रिय गुरसिख को ऊंचे–शुद्ध आचरण को धारण करने के लिए चार प्रमुख कुरीतियों से सदीवी काल तक बचने की सख्त हिदायत की, वहीं खालसे की अलग पहचान के लिए सतिगुरू जी ने पांच ककारी रहत भी बख्शिश की। प्रस्तुत पुस्तक ''पांच ककार'', गुरू द्वारा बख्शिश किए गए इन ककारों की आंतरिक, बाह्य और रूहानियत भरपूर महत्ता को उजागर करती है।

इस पुस्तक के कर्त्ता, गुरमुख प्यारे स. जसमेर सिंह जी किसी जान–पहचान के मोहताज नहीं। जहां आप आचार और रहत में परिपक्व हो कर गुरू के बताए मार्ग :

गुरसिख मीत चलहु गुर चाली।।
जो गुरु कहै सोई भल मानहु हरि हरि कथा निराली।।1।। रहाओ।।

अनुसार अपना जीवन व्यतीत कर रहे है, वही साथ–साथ गुरमति के महत्त्वपूर्ण विषयों पर पुस्तकें लिख कर आप जी ने गुरमति के साहित्य भंडार में भी अमूल्य योगदान दिया है। गुरमति ज्ञान के इस भंडार में आप जी के द्वारा अर्पण पंजाबी और हिन्दी में लिखित पुस्तकों में ''सत वार'' के अलावा ''पंचा के बसि रे'', ''दसम दुआरा अगम अपारा'' और ''संतन

की महिमा'' है। गुरमति रहस्यों के गहरे भेद, रचनाओं द्वारा खोलने की इस श्रृंखला में होठी साहिब ने प्रस्तुत पुस्तक ''पांच ककार'' को संगत को भेंट किए जाने का सराहनीय कार्य किया है।

दशमेश पिता जी द्वारा बख्शिश किए केस, कंघा, कड़ा, किरपान और कछहिरा रूपी इस पांच ककारी रहत की आत्मिकता भरपूर महिमा को अत्यन्त बाखूबी से स. जसमेर सिंह जी ने इस पुस्तक ''पांच ककार'' द्वारा रूपायमान करके खालसा पंथ की झोली में डाला है। जिसमें आप ने इन पांच ककारों के गठन, इनके लाभ और ककारों की महानता का विस्तार से वर्णन किया है। इस पुस्तक में सतिगुरू साहिब जी द्वारा बख्शिश किए गए इन पांचों ककारों की पृष्ठभूमि, इनकी आवश्यकता और महानता के साथ–साथ खालसाई रहत के अभिन्न अंग, इन पांचों ककारों से हमें क्या शिक्षा प्राप्त होती है, इसका वर्णन भी अनूठे अंदाज़ में किया है। पुरातन विचारों और ग्रंथों से प्रमाण देने के साथ–साथ विज्ञान के वर्तमान युग में इन पांचों ककारों की विलक्ष्ण महानता है, इसे भी गुरमुख लेखक जी ने बहुत ही खोज सहित रूपायमान किया है। पांच ककारों की आंतरिक, ब्राह्य और रूहानियत भरी महत्ता को उजागर करने वाली यह पुस्तक ''5 ककार'' प्रत्येक गुरसिख और आम जिज्ञासुओं को अवश्य पढ़नी चाहिए। जब इस पुस्तक को पढेंगे तो हमें अवश्य पता चल जाएगा कि गुरदेव कल्गीधर जी ने कितनी दीर्घ दृष्टि से ये पांच ककारी रहत खालसे को बख्शिश की है और हमारे जीवन की ऊंचाई के लिए इसकी क्या महत्ता है।

दास की गुरू चरणों में तहे दिल से अरदास है, सतिगुरू जी, स. जसमेर सिंह जी को गुरसिखी रहत–बहत में और परिपक्वता बख्शिश करने और गुरमति का जो विवेक ज्ञान सतिगुरू जी ने इन्हें प्रदान किया है। आने वाले समय में भी, वो ज्ञान, लिखित रूप में सिख संगतों से साझा करते रहें, जिस से जिज्ञासु जन लाभ प्राप्त करके गुरमति मार्ग से अपनी साझ और भी गहरी कर सके।

गुरू पंथ का दास
संत सेवा सिंह
गुरद्वारा रामपुर खेड़ा साहिब

आभार

पांच ककार श्री गुरू गोबिंद सिंह जी द्वारा बख्शिश किए बहुमूल्य वरदान हैं। इन ककारों और दस्तार के साथ सिख को दूर से ही पहचाना जा सकता है। दशमेश जी ने बिना किसी भेदभाव के सभी को बराबरी बख्शिश की। हमारी समझ उसमें विभाजन करती है। गुरू जी का विचार विभाजन समाप्त करके एक प्रभु के साथ जुड़ने की प्रेरणा करता है। श्री गुरू गोबिंद सिंह जी ने बिना किसी से भेदभाव किए जैसे जात–पात, रंग–नस्ल, अमीर–गरीब, पुरुष–स्त्री, क्षेत्र और पिछले किए कर्मों को याद ना करते हुए, सभी को उस अकाल पुरख से जोड़ते हुए अमृत बख्शिश कर, अपना ही रूप–सरूप प्रदान किया और खालसे की प्राथमिकता में अत्यन्त श्लाघा भरपूर शब्दों का उच्चारण किया और 5 ककारों को अत्यन्त पवित्र और अमूल्य सौगात के तौर पर सतिगुरू जी ने रहत के तौर पर बख्शिश किए। ये 5 ककार सतिगुरू जी की सिख के साथ अभेद हो जाने का प्रत्यक्ष प्रमाण है। इन्हें धारण करते ही सिख को कुछ ऐसा महसूस होता है कि वह कह उठता है :

गुरु मेरे संगि सदा है नाले।।
सिमरि सिमरि तिसु सदा सम्हाले।।

(अंग 394)

पांच की यह गिनती सिखी जीवन में अत्यन्त महानता रखती है। ये सब 5 है : ककार, बाणियां (नितनेम), तत्व, ज्ञान इन्द्रियां, कर्म इन्द्रियां, प्यारे, तख्त और विकार भी विशेष रूप से 5 ही गिने जाते है। भाई गुरदास जी भी अपनी तेरहवीं वार में पांचों की महानता प्रकट करते है :

इकु सिख दुयि साध संगु पंजी परमेसरु।।

पुरातन प्रकाशित पुस्तकों के बारे में खोज करने पर देखा तो महसूस हुआ कि 5 ककारों के बारे में बहुत कम लिखा गया है। केस या केश के बारे में कुछ पुस्तकें अवश्य मिलती है, जो केशों की महानता का वर्णन करती है परन्तु बाकी ककारों के बारे में बहुत ही कम लिखा मिलता है या अत्याधिक कम ही, जो कुछेक पंक्तियों तक ही सीमित है। 5 ककारों के बारे में खोज और अध्ययन करके और श्री गुरू ग्रंथ साहिब जी से मार्गदर्शन प्राप्त करके इस बारे में विस्तार से लिखने की कोशिश की है। भाई गुरदास जी, भाई नंद लाल (सिंह) जी की बाणी से भी प्रमाण दिए है। इस बारे में यत्न किया है कि साइंटिफिक वैज्ञानिक इन 5 ककारों के गुण, महानता आदि के बारे में और बाकी संसार इनको कैसे देखता है। पुरातन ऐतिहासिक प्रमाण भी दिए हैं।

सतिगुरू जी की ओर से बख्शिश किए 5 ककारों की श्लाघा, महानता और धार्मिक पक्ष को पूर्ण रूप से वर्णित करना असंभव ही है क्योंकि आम व्यक्ति की सोच सीमित होती है, जैसे कुएं का मेंढ़क अपने ही दायरे की बात कर सकता है, छलांग लगा सकता है। सारे गुण और महानता तो सतिगुरू जी आप ही जानते हैं कि किस प्रकार 5 ककारों से 5 तत्व भी जुड़े हुए हैं। हमें तो इस प्रकार से समझना और मानना चाहिए कि प्रभु जी और गुरू जी एकात्म है और वह जो भी फरमान करते हैं, वह हमारे भले के लिए ही है। उसमें कम या अधिक के बारे में सोचना हमारी अज्ञानता होगी। फरमान है :

पूरे का कीआ सभ किछु पूरा घटि वधि किछु नाही।।
नानक गुरमुखि ऐसा जाणै पूरे मांहि समांही।।

(अंग 1412)

सतिगुरू जी का रोम–रोम से आभार है, जिन्होंने स्वयं ही कृपा करके 5 ककारों संबंधी लिखने की सेवा मुझसे करवाई। इस विशेष व अनूठे विषय पर बहुपक्षीय खोज करके लिखना पहले तो अत्यन्त कठिन काम प्रतीत होता था परन्तु सतिगुरू जी ने प्रसन्नता और बख्शिश करके प्रेरणा, उत्साह, परिश्रम और दृढ़ता बख्श कर कार्य को संपन्न करवाया।

5 ककारों के बारे में लिखते हुए यह भी लिखने की कोशिश की है कि ये 5 ककार कैसे उत्पन्न होते, बनते या बनाए जाते है।

पंजाबी में लिखने वालों को विशेष तौर पर धार्मिक विषय पर लिखने वालों को काफी आर्थिक कठिनाईयों का सामना करना पड़ता है। पुस्तक को छपवाना और अन्य स्थानों पर पहुंचाना और वितरित करवाना काफी मुश्किल और मंहगा प्रतीत होता है। विदेश में पुस्तकें लाने, मंगवाने का खर्च कई बार पुस्तक छपवाने से भी

अधिक हो जाता है। एक–दो अन्य अनूठे विषयों (धार्मिक) के बारे में लिखने के लिए कुछ नोट्स बनाए है। अंर्तायामी सतिगुरू जी अवश्य कोई न कोई रास्ता बना ही देंगे। यदि सतिगुरू जी को मंजूर हुआ जो अवश्य लिखवा लेंगे।

मैं सरदार मोता सिंह सराए, यूरोपियन पंजाबी सथ्थ का आभारी हूं, जिन्होंने अत्यन्त परिश्रम के साथ पंजाबी में 5 ककार की पुस्तक को प्रायोजित किया। अब शीघ्र ही इस पुस्तक का दूसरा संस्करण निकलने जा रहा है।

मैं संत सेवा सिंह जी रामपुर खेड़ा वालों का अत्यन्त आभारी हूं, जिन्होंने अपने कीमती समय से कुछ समय निकाल कर 5 ककार पुस्तक पढ़ कर आशीर्वाद के कुछ शब्द लिखे। संत सेवा सिंह जी गुरमति की पुस्तकें प्रकाशित कर और वितरित की बहुत देशों–विदेशों में सेवा कर रहे हैं। मैं इनके भाई स. हरबिंदर सिंह ढिल्लों वुल्वरहैंपटन यू. के. का भी धन्यवाद करता हूं , जिन्होंने सहयोग दिया। मैं अपनी पत्नी हरभजन कौर और समूचे परिवार का भी धन्यवाद करता हूं, जिन्होंने लिखते हुए मुझे अशांत नहीं होने दिया।

मेरी विशेषकर पिछली दो पुस्तकें "सात वार" और "मूल मंत्र विचार" को संगत ने अत्यन्त पसंद किया। धन्यवाद है जी, इन दोनों पुस्तकों का हिन्दी अनुवाद डायमंड बुक्स दिल्ली वालों ने प्रकाशित किया। सात वार को पंजाबी में भाई चतर सिंह जीवन सिंह अमृतसर ने अप्रैल 2017 में प्रकाशित किया और सबसे पहले श्री गुरू रामदास साहिब जी के चरणों में श्री दरबार साहिब में भेंट किया। दास की विनती पर पंथ के महान्

कथावाचक भाई साहिब पिंदरपाल सिंह जी ने सात वार पुस्तक प्रकाशित करने से पहले पढ़ने की ज़हमत की और आशीर्वाद के ये शब्द लिखे कि यह पुस्तक सात वार साइंटिफिक तरीके से रूहानियत और सामाजिक तरीके से रची गई है। मेरा विचार है कि सिख जगत में समय से संबंधित और ग्रहों से संबंधित यह पहली पुस्तक मील का पत्थर साबित होगी।

स. मोता सिंह सराए जी ने भी सात वार पढ़ कर अत्यन्त पसंद किया और कहा कि, वह भी पंजाबी सथ्थ से सात वार का दूसरा एडीशन प्रकाशित करने संबंधी विचार कर रहे हैं। हिन्दी में सात वार को हिन्दी भवन दिल्ली के भरे हॉल में 26 मार्च 2019 को संगत को भेंट किया गया और हिन्दी भवन के इतिहास में पहली बार वहां गुरबाणी कीर्त्तन का गायन किया गया। इस कार्यक्रम में दिल्ली के विद्वान और गुरुद्वारा साहिब से प्रतिनिधि शामिल हुए। इसी प्रकार ही हिन्दी में मूल मंत्र विचार 17 नवंबर 2019 को भारतीय पुस्तक मेले National Book Fair of India पटना साहिब के गांधी मैदान के पुस्तक मेले में रिलीज़ किया गया। यहां मेले में भी पहले कीर्त्तन हुआ और तख्त श्री पटना साहिब से आए सिंह साहिबान मुख्य अतिथि रहे। यहां यह भी बताना ज़रूरी है कि पंजाब से बाहर अन्य प्रांतों में बसे सिख और उनके बच्चे अधिकतर हिन्दी बोलते व पढ़ते है। उन्होंने इस कार्य की कद्र की और उनके द्वारा प्रकट किए गए आभार से महसूस हुआ कि सतिगुरू जी ने कृपा करके अच्छा कार्य करवा लिया है।

पंजाबी में मूल मंत्र विचार 19 अगस्त 2019 को बरमिंघम यूनीवर्सिटी इंग्लैंड में आयोजित किए गए श्री गुरू नानक देव साहिब जी के 550वें प्रकाश पर्व को समर्पित समागम में संगत को अर्पित किया गया। इस समागम में मुख्य अतिथि भाई साहिब भाई मुहिंदर सिंह जी, जो गुरू नानक निष्काम सेवक जत्था के मुखिया हैं, शामिल हुए और आशीर्वाद दिया। भाई साहिब भाई महिन्द्र सिंह जी बहुत दयालु स्वभाव और परोपकारी है, मैं उनका हर प्रकार की मदद के लिए धन्यवाद करता हूं।

मैं डायमंड बुक्स के श्री नरेन्द्र कुमार वर्मा जी का आभारी हूं , जिन्होंने मेरी पुस्तकें ''सात वार, मूल मंत्र विचार'' के बाद प्रस्तुत पुस्तक

"5 ककार" को हिन्दी में प्रकाशित किया। इन तीनों ही पुस्तकों का हिन्दी में अनुवाद डॉण जसविन्दर कौर बिन्द्रा ने किया है।

यह 5 ककार पुस्तक भी पहले प्रकाशित हो जाती परन्तु कोरोना (Covid-19) ने सारी दुनिया में उथल–पुथल मचा दी और बहुत सारे व्यक्तियों के कारोबारों और परिवारों को भारी क्षति हुई। कई बार कई रोग–सोग भी झिंझोड़ कर उठाने के लिए होते है। सतिगुरू जी ने दुख को दारू कहा है। श्री गुरू अर्जन देव साहिब जी भैरउ राग में फरमाते है :

गुर कहिआ जो होयि सभु प्रभ ते।।
तब काड़ा छोडि अचिंत हम सोते।। (अंग 1140)

सारा शब्द आप देख सकते है। कुछ समय पहले मैंने कुछ पंक्तियां लिखी थी, जो कि इस प्रकार से है :

नवीं आई है सवेर। नस्स गया है हनेर।
उठ काहे कीती देर। पढ़ जपुजी नूं फेर।
नवीं आई...

सुत्ता रहा कई वेर। कदी सप्प कदे षेर।
भजुंदा रहा वेर वेर। मौका मिलिया है फेर।
नवीं आई...

छड देह मेर तेर। इथे रहिणा नहीं पकेर।
कच्चे कोठियां लपेर। पोची जांवे फेर फेर।
नवीं आई...

रंग चाढ़ ला पकेर। जप बाणी वेर वेर।
हुण तां हो गई बथेर। इसे वारी ही निबेर।
नवीं आई...

मेरा मानना है कि 5 ककार का अभ्यास रहत और गुरू साहिब द्वारा बताया गया है :

गुरसिख मीत चलहु गुर चाली।।
जो गुरु कहै सोई भल मानहु हरि हरि कथा निराली।।
(अंग 667)

ऐसी रहत अनुसार चलने वाले सिख खालसा बनने के समर्थ हैं। आप जी को यह पुस्तक 5 ककार कैसी लगी? आप अवश्य बताएं। पुस्तक के आरंभ में ईमेल एड्रैस और टेलीफोन नंबर दिए है परन्तु गलतियां, कमियां और अनुवाद में भूल हो जाना स्वाभाविक है। सतिगुरू जी और गुरू साहिब जी की प्यारी संगत से क्षमा याचना की अर्ज़ है जी। यदि कोई व्यक्ति या संस्थाए इस पुस्तक 5 ककार को इसी रूप में ही प्रकाशित करवा कर, संगत में बांटना चाहे, तो वह लेखक से संपर्क कर सकते है।

जसमेर सिंह होठी
अप्रैल 2021

पृष्ठभूमि

धरती पर मानवता की प्रार्थनओं को स्वीकार कर, स्वयं अकाल पुरख जी, आकार धारण कर, यहां आएं। पहले कई देवताओं और अवतारों को यहां धरती पर भेजा परन्तु उन्होंने प्रभु के नाम का जाप करने की बजाय अपने ही नाम के जाप को प्राथमिकता दी और स्वयं को प्रभु कहलवाने लगे। इस बारे में श्री गुरू गोबिंद सिंह जी ने 'बचित्र नाटक' में खुल कर बयान किया है।

श्री गुरू नानक देव जी महाराज जी गुरू परमेश्वर रूप में मात लोक (धरती) में पहुंचे।

आपि नरायिणु कला धारि जग महि परवरियउु।।
निरंकारि आकारु जोति जग मंडलि करियउु।।

(अंग 1395)

श्री गुरू नानक देव साहिब जी ने वह कार्य आरंभ कर दिए जो दस देह धारण कर 239 वर्षों में संपूर्ण किए जाने थे और मनुष्य को भी संपूर्ण करना था खालसा रूप देकर, इसीलिए चुनौती भरे उस संदेश को उन्होंने पहले से ही आरंभ कर दिया कि यदि सत्य पर पहरा देना है तो प्रेम का खेल खेलना होगा तभी तो :

जउु तउु प्रेम खेलण का चाउु।। सिरु धरि तली गली मेरी आउु।।
इतु मारगि पैरु धरीजै।। सिर दीजै काणि न कीजै।।

(अंग 1412)

सतिगुरू जी ने सारे जनमानस के वहम–भ्रम को काटने के लिए बहुत यात्राएं की, जो चार उदासियों के नाम से जानी जाती है। अत्याधिक बाणी उच्चारित की और दुनिया को प्रभु के सिमरन से जोड़ा और व्यर्थ के कर्म करने से रोका। परमात्मा का नाम जपना, धर्म की

किरत करना और वंड के छकना (बांट कर खाना) के उसूल दृढ़ करवाए। धर्मशाला में संगति रूप में प्रभु जस/यश करने की परंपरा कायम की। अपने क्रांतिकारी कर्म को और भी सुदृढ़ करते हुए पुत्रों के स्थान पर सेवक को परख कर गद्दी सौंप दी और स्वयं सीस निवाया।

श्री गुरू अंगद देव जी ने गुरमुखी अक्षरों को और भी प्रचलित किया, सिखों को शरीरिक खेलों द्वारा शरीर को चुस्त और स्वस्थ रखने की प्रेरण दी। भाई बाला जी से श्री गुरू नानक देव साहिब जी के जीवन वृत्तांत सुने और जन्म साखियां अस्तित्त्व में आई। आप जी ने श्लोकों में ही बाणी का उच्चारण किया। लंगर की मर्यादा को और भी सुदृढ़ किया। श्री गुरू अंगद देव साहिब जी के जीवन से हुक्म मानने की योग्यता विशेष तौर से सामने आती है। श्री गुरू अमरदास जी वृद्धावस्था में आप के पास आए और अत्याधिक सख्त सेवा की, उपरांत गद्दी पर बिराजमान हुए। आप जी ने बहुत सारी बाणी उच्चारित की और प्रचार के लिए 'मंजियां और पीढ़े स्थापित किए।

गोइंदवाल बाउली साहिब बनाई और जात–पात के बंधन तोड़े, सती की रस्म खत्म की और करवाई, और गुरगद्दी की योग्यता के लिए परीक्षा में सफल हुए और अपने छोटे दामाद भाई जेठा जी भाव गुरू रामदास जी को गुरगद्दी की बख्शिश की। श्री गुरू रामदास जी ने बहुत सारी बाणी उच्चारित की और अमृतसर शहर बसाने की नींव रखी। श्री गुरू रामदास साहिब जी का जीवन वैराग्य और नम्रता भरपूर रहा।

पांचवे सतिगुरू श्री गुरू अर्जन देव जी हुए, जो कि श्री गुरू रामदास जी के सुपुत्र थे। इन्होंने श्री दरबार साहिब जी का निर्माण संपूर्ण करवाया और बहुत सारी बाणी उच्चारित की। पहले सतिगुरों जी की बाणी और भक्त बाणी को एकत्रित करके श्री आदि ग्रंथ जी का संपादन किया और श्री दरबार साहिब में सुशोभित किया। अपने धार्मिक आदर्शों और नियमों की पालना करते हुए अपने शरीर की कुर्बानी भी दी और शहीदों के सरताज बने। सतिगुरू जी की जीवन दृढ़ इरादे वाला, सब पर दया करने वाले और संगत का बहुत आदर–सत्कार करने वाला रहा।

छठे पातशाह श्री गुरू हरिगोबिंद साहिब जी ने पिता गुरू अर्जन देव जी की शांतमय शहादत के उपरांत घोषणा की कि अब गुरू जी

को स्वस्थ जवान और हथियार भेंट किए जाए और आप ने मीरी–पीरी की दो किरपान धारण की । उन्होंने अकाल का तख्त बनाया, जोकि बादशाही तख्त से ऊंचा रखा। गुरू साहिब जी के सिखों की फौज ने शाही फौज से 4 जंग लड़े, जिनमें फतेह प्राप्त की। परन्तु किसी भी जंग की शुरूआत गुरू साहिब द्वारा नहीं की गई। सिखों के हौंसले और भी बुलंद होते गए। सतिगुरू जी बहुत महान् परोपकारी योद्धे रहे।

सातवें पातशाह श्री गुरू हरि रायि जी को 2200 घुड़सवार हर समय अपने साथ रखने और जंग ना करने का हुक्म देकर गद्दी सौंपी गई। श्री गुरू हरि रायि साहिब जी ने गुरबाणी के प्रति अत्यन्त प्रीति दिखाई और अपने सुपुत्र राम रायि को गुरबाणी का एक अक्षर बदलने के उपरांत उसके माथे नहीं लगे। सिखों में आपसी पुश्तैनी दुश्मनियां खत्म करवाई। कथा कीर्त्तन का प्रचार किया। सतिगुरू जी सब जीवों पर दया करने वाले अत्यन्त कोमल स्वभाव के रहे।

आठवें पातशाह जी 5 साल की आयु में गुरगद्दी पर बिराजमान हुए और सात वर्ष की आयु में जोति–जोत समा गए। आप जी ने छोटी आयु में ही बच्चों को पढ़ाई–लिखाई और शिक्षा देने पर ज़ोर दिया। इसी कारण सिखों के बहुत सारे स्कूलों के नाम श्री गुरू हरिकिशन जी के नाम पर रखे हुए मिलते है। आप जी दिल्ली में दुखियों की सेवा करते हुए चेचक की बीमारी से ग्रस्त हो गए और इसी कारण जोति जोत समा गए। बाबा बकाले कह कर संगत को फतेह बुला दी।

बकाले में 22 मंजियों (चारपाई) वालों ने स्वयं को गुरू घोषित करना चाहा। सिख भाई मख्खन शाह लुबाणे ने गुरू तेग बहादर साहिब जी को प्रकट किया क्योंकि गुरू–ज्योति ने उसका डूबता हुआ बेड़ा जहाज़ पार किया था और उसने बचाव के लिए सतिगुरू जी के आगे 500 मोहरें भेंट करने की अरदास की थी परन्तु इतनी मंजियों को देख कर सभी को पांच–पांच मोहरें रख कर माथा निवाया और दिल में सोच लिया कि असली गुरू स्वयं ही 500 मोहरों के बारे में कहेंगे। गर्भगृह में जब गुरू साहिब जी को भी 5 मोहरें रख कर ही माथा निवाया तब गुरू साहिब ने स्वयं ही इस बारे में कहा, भई मख्खन शाह तुम ने मन्नत तो 500 मोहरों की थी और देखो! तेरे बेड़े को हमने कंधा लगा कर पार किया था, अभी

तक कीलों के ज़ख्म कंधे पर है।' मख्खन शाह ने कोठे पर चढ़ कर "गुरू लाधो रे" कह कर गुरू जी को प्रकट कर दिया।

श्री गुरू तेग बहादर साहिब जी ने बाणी बहुत वैराग्यमय और सरल हिन्दी भाषा में उच्चारित की और भोग के श्लोक भी गुरू जी ने उच्चारित किए। गुरू साहिब जी ने उपदेश देते है कि सिवाय प्रभु जी के नाम से बिना अन्य कोई भी वस्तु स्थिर नही है। दौलत, महल, बंगलों का लगाव छोड़ दो, प्रभु जी के नाम से जुड़ कर ही हउमै या अंहकार से पीछा छुडाया जा सकता है। जब स्थायी तौर पर यहां रहना ही नहीं है तो अभिमान कैसा? अंहकार को त्याग कर प्रभु को पहचानो परन्तु घर छोड़ कर जाने की आवश्यकता नहीं है।

अपने दयालु स्वभाव के कारण कश्मीर के पंडितों की विनती परवान करते हुए स्वयं दिल्ली जा कर दूसरे धर्म के लिए अपने प्राण न्यौछावर कर दिए और अपना धर्म कायम रखा। ऐसी मिसाल दुनिया के इतिहास में कहीं नहीं मिलती। सतिगुरू जी को डोल जाने और अस्थिर करने के लिए बादशाह ने गुरू जी के साथ गए तीनों सिखों को अत्यन्त कष्ट दे कर उनके सामने ही शहीद कर दिया। भाई मती दास जी को आरे से दो फाड़ करके चीर दिया गया। भाई सतीदास जी को रुई में लपेट कर आग लगा दी और भाई दयाला को देग में उबाल दिया गया। सतिगुरू जी और सिख अटल रहे और धर्म बदलने से इन्कार कर दिया और शहीदी को प्रसन्नता से स्वीकार किया। श्री गुरू गोबिंद सिंह जी बचित्तर नाटक में इस प्रकार फरमाते है :

दोहरा।।
ठीकर फोरि दिलीस सिरि प्रभ पुरि कीया पयान।।
तेग बहादर सी क्रिया करी न किनहूं आन।। 15।।
तेग बहादर के चलत भयो जगत को सोक।।
है है है सभ जग भयो जै जै जै सुर लोक।। 16।।

(दसम ग्रंथ)

श्री गुरू तेग बहादर साहिब जी का सीस जहां धड़ से अलग किया गया, दिल्ली में वहां गुरूद्वारा सीस गंज सुशोभित है और उनके धड़

का संस्कार लख्खी शाह वणजारा ने अपने घर में श्रद्धापूर्वक करते हुए, अपने घर को अग्नि भेंट कर दिया। दिल्ली में इस जगह पर गुरुद्वारा रकाब गंज साहिब सुशोभित है। सतिगुरू जी का सीस भाई जैता जी लेकर कीरतपुर साहिब पहुंचे और यहां संगत सारी कीर्तन करती हुई आनंदपुर साहिब पहुंची और यहां गुरूद्वारा सीस गंज साहिब है, जहां गुरू साहिब जी ने सीस का सस्कार किया गया था। गुरू गोबिंद सिंह जी ने जान लिया कि भले दिल्ली में भी सैंकड़े सिख थे, पर पूरी पक्की पहचान ना होने के कारण कोई प्रत्यक्ष तौर पर कह नहीं सकता कि यह सिख है कि नहीं ?

नवें पातशाह श्री गुरू तेग बहादर जी की शहीदी के बाद श्री गुरू गोबिंद सिंह जी के दिल में एक पक्का निर्णय ले लिया कि एक ऐसी जत्थेबंदी या संगठन को कायम किया जाए, जो शोषित और मुर्दा दिलों में एक नया उत्साह और चढ़दी कला की भावना के जज़्बे को प्रफुल्लित करे।

श्री गुरू गोबिंद सिंह साहिब जी ने इस कार्य के लिए 24 वर्ष लगाए ताकि खालसा को प्रकट किया जा सके। उसकी मजबूती के लिए बाणी उच्चारित करने की आवश्यकता है और युद्ध के अनुभव की भी आवश्यकता है। सिख को संत बनने के लिए नितनेम मर्यादा की आवश्यकता थी और सिख को सिपाही बनाने के लिए अनुशासन, संयम और युद्ध अभ्यास की आवश्यकता थी। संत सिपाही के लिए वर्दी, नियमावली, बंधन और रहत की विशेष आवश्यकता थी। श्री गुरू गोबिंद सिंह जी ने मातलोक में अपने आने का उद्देश्य बचित्तर नाटक में वर्णित किया गया है :

याही काज धरा हम जनमं।।
समझ लेहु साधू सभ मन मं।।
धरम चलावन संत उबारन।।
दुसट सभन को मूल उपारन।। 43।।

खालसा की साजना करना ऐसा क्रांतिकारी कार्य था, जिससे सारे जनमानस को बराबरी प्राप्त हुई, गुरू साहिब जी की बख्शिश से जात–पात, अमीर–गरीब, स्त्री–पुरुष सभी को, सारी संगत को, बिना किसी भेदभाव के सतिगुरू जी ने खालसा बनाने की रहमत/कृपा प्रकट की।

भाई गुरदास सिंह जी अपनी उच्चारित वार में अंकित करते है :

गुर संगत कीनी खालसा मनमुखी दुहेला।।
वाह वाह गोबिंद सिंह आपे गुरु चेला।।

श्री गुरू गोबिंद सिंह जी ने कैसे इस कौतुक को प्रकट किया, सभी जानते है। यहां बहुत ही संक्षेप में इस प्रसंग को दिया जा रहा है। सतिगुरू जी ने 1699 की वैसाखी को सभी गुरू नानक लेवा सिख संगत को विशेष तौर पर आमंत्रण भेजे। इतिहास में लगभग 80 हज़ार संगत की एकत्रितता का वर्णन मिलता है, जोकि समय के आवागमन और सवारी के साधनों के बारे में ध्यान दे तो उस लिहाज़ से यह अत्यन्त विशाल एकत्रितता थी। श्री गुरू गोबिंद सिंह जी ने नंगी किरपान हाथ में लेकर सब से ऊंचे स्थान पर खड़े होकर मांग की कि एक सिर की आवश्यकता है। सारी संगत में आश्चर्यजनक तौर पर सन्नाटा पसर गया। लाहौर के दयाराम जी ने अपना सिर भेंट किया। तंबू में ले जाकर, जब वह बाहर आए तो किरपान खून से भरी हुई थी, इस प्रकार चार बार फिर से यह मांग दुहराई गई तो भाई धरम चंद जी दिल्ली से, मोहकम चंद जी द्व ारका, गुजरात से, हिम्मत राय जी जगननाथ पुरी उड़ीसा से और साहिब चंद जी बिदर कर्नाटक से आए और बारी बारी अपने सिर भेंट किए।

गुरू साहिब जी ने ऊंचे स्थान से पुकारा, जो सभी को दिखाई दे रहा था और कोई यह नहीं कह सकता कि उसने देखा नहीं या उसे मालूम नहीं हुआ। गुरू साहिब जी ने यह नहीं कहा था कि मुझे पुरुष या स्त्री का सिर चाहिए। यह पांचों सौभाग्यशाली अलग–अलग क्षेत्रों से अलग काम कारोबार करने वाले पांच धार्मिक क्रिया की रस्म के उपरांत पांच प्यारे कहलाए।

सतिगुरू जी ने इन पांचों को पुर्नजीवित कर, पांच बाणियों का पाठ करके अमृत तैयार किया और अमृत के पांच पांच घूंट सीस, नेत्रों और मुख में डाल कर बोलने को कहा, **वाहिगुरू जी का खालसा ।। वाहिगुरू जी की फतहि।।** पांच रहत, नितनेम और चार कुरहितों से बचने की हिदायत करके हक–सच्च का पहरेदार बना दिया। मौत का भय तो सीस हाज़िर करते समय ही खत्म हो गया था। सतिगुरू जी ने खालसा की

महिमा में बाणी का उच्चारण किया और खालसे को अपना खास रूप कहा। अकाल पुरख की फौज का खिताब बख्शिश किया और अकाल पुरख के विशेष गुण निर्भय और निरवैर ने खालसा को अमर कर दिया। खालसा को अनुशासन प्रदान किया, संत सिपाही के लिए नितनेम, शस्त्र वर्दी रहत और ककार बख्शिश किए। इस विधान के अनुसार, एक ऐसा भाईचारा कायम कर दिया कि जिसके बराबर की मिसाल दुनिया में है ही नहीं। इतना ही नहीं पांचों को (रहतवान) गुरू जोति की जुगति को प्रकट करने का अधिकार भी बख्शिश किया। जहां आत्मा श्री गुरू ग्रंथ साहिब जी में और शरीर गुरू पंथ में, भाव पांच रहतवान तैयार–बर–तैयार सिंहों में कायम रहेगा। बाद में सतिगुरू जी ने स्वयं पांचों से विनती करके अमृत प्राप्त किया और हुक्म लागू कर दिया कि संगत, पांचों प्यारों से ही अमृत ग्रहण करेगी। इस प्रकार खालसा सर्वदेशी हो गया। पुरुषों को सिंह (शेर) और स्त्रियों को कौर (शहज़ादी) खिताब बख्शा। खालसा को अपना नादी पुत्र कह कर सतिगुरू जी ने पवित्र आत्मा, क्वांरा डोला माता साहिब कौर जी की गोद में डाल दिया। खालसा क्योंकि नादी पुत्र है, बिंदी पुत्र नहीं। इसलिए इसकी माता भी पवित्र शरीर और आत्मा वाली है और केसगढ़ इसका जन्मस्थान है, जहां खालसा प्रकट हुआ था। ऐसा पहली बार मानव इतिहास में हुआ कि कोई कौम अपना प्रगट दिवस (जन्म दिवस) मनाए, जैसा कि सिख पहली वैसाख को मनाते है।

सतिगुरू जी ने खालसे को आदेश दिया कि हक़–सच, न्याय, इन्सानियत के लिए कुर्बानी भी करनी पड़े तो पीछे नहीं हटना और गुरू और अकाल पुरख पर भरोसा रख कर यही वर मांगना है।

देहि सिवा बरु मोहि इहै सुभ करमन ते कबहूं न टरों।।
न डरों अरि सो जब जायि लरों निसचै करि अपुनी जीत करों।।
(पाति. 10)

गुरू–चेला की अभेदता को सतिगुरू श्री नानक देव साहिब जी ने ही आरंभ कर दिया था, दसवें गुरू जी ने इसे वास्तविक और व्यवहारिक रूप में खालसा को शब्द गुरू की तरह जुगो–जुग अटल की पदवी देकर, अनंत काल के लिए कायम–बरकरार कर दिया। खालसा होने

के लिए पहले सिंह बनना आवश्यक कर दिया और खालसा को सदा गुरू के शब्द के ज्ञान की हजूरी में रहने की ताकीद की। खालसा को सदा गुरू के ज्ञान की हजूरी में जीना है और खालसा को यह समझ भी बख्शिश की कि खालसे का गुरू कोई शरीर नही हो सकता बल्कि शब्द–गुरू ही है। श्री गुरू गोबिंद सिंह जी ने मूल–मंत्र और गुरमंत्र बख्श कर कहा कि आज से तुम सभी की पहली जात और गोत खत्म हो गई है, आप सभी गुरभाई हो। गुरू साहिब जी ने सीस लेकर अमर जीवन और मौत का भेद समझाया कि खालसा को सदा आन से जीना है। बाणी में भी फरमान है :

सो जीविआ जिसु मनि वसिआ सोयि।।
नानक अवरु न जीवै कोयि।।
जे जीवै पति लथी जायि।।
सभु हरामु जेता किछु खायि।।

(अंग 142)

श्री गुरू गोबिंद सिंह जी द्वारा खालसा की साजना और सभी को एक ही बाटे से अमृत छकाना ऐसा क्रांतिकारी कार्य था, जिसे ब्राह्मण प्रधान समाज ने स्वीकार नहीं किया। उन्होंने कहा कि उच्च कुल, उच्च ओहदे पर होते हुए शूद्रों को बराबरी कैसे दी जा सकती है, यह सदियों से चली आ रही परंपरा है। अधिकतर पहाड़ी राजाओं ने भी गुरू साहिब को अपना दुश्मन समझा और बादशाह को लिखा कि यह आपका और हम दोनों का दुश्मन है। हालांकि पहले हुई लड़ाईयों में जीत प्राप्त कर के भी गुरू साहिब ने कभी किसी की थोड़ी सी ज़मीन पर भी कब्ज़ा नहीं किया। सतिगुरू जी उन राजाओं को भी मुगलों की गुलामी से मुक्त करवाना चाहते थे। गुरू साहिब जी ने फरमाया कि उच्च जात में जन्म लेने

कारण कोई ऊंचा नहीं हो जाता, स्वाभाविक गुणों कारण सभी मनुष्यों को तरक्की करने का अधिकार है। सतिगुरू जी ने कहा कि पाप के विरुद्ध लड़ना नेकी है परन्तु किसी पापी या दुष्ट से नफरत नहीं की बल्कि उनकी दुष्टता और पाप से नफरत की। सतिगुरू जी ने खालसा को सीधा अकाल पुरख से जोड़ दिया। यह भी नहीं कहा कि यह गुरू गोबिंद

सिंह का खालसा है, बल्कि खालसा को अकाल पुरख की फौज फरमाया और सारे गुण खालसा को सौंप दिए। सो खालसा–गुरू साहिब–अकाल पुरख एक रूप हो गए क्योंकि ये सारे गुण जो अकाल पुरख में हैं, वही व्यावहारिक रूप में खालसा में देखने को मिलते हैं जैसे भूखे को लंगर बांटना, भले वह दुश्मन हो, निहत्थे और स्त्री पर वार नहीं करना, शरण में आए को मुआफ़ कर देना, सभी में एक ज्योति को देखना, दया करना। यह बादशाह दरवेश गुरू साहिब के और अकाल पुरख के गुण है।

परन्तु ये गुण जनमानस को बांट कर, उनमें भेदभाव पैदा कर अपने सत्ता पक्ष अर्थात् रुतबा या बड़प्पन कायम करने की लालसा रखने वालों को कहां भा सकते थे जो नित्यप्रति नए मसूंबे और हथकंडों को उपयोग में लाते रहे और आज भी इनका उपयोग सत्ता पक्ष कर रहे है क्योंकि शासकों को ये गुण पसंद नहीं आते क्योंकि उन्हें अपनी कुर्सियां कायम रखने की सर्वोधिक चिन्ता रहती है।

सतिगुरू जी ने सभी को संबोधित करते हुए फरमाया कि आप सभी एक ही राह पर चलो और एक ही धर्म को अपनाओ। अलग–अलग जातियों की विभिन्नता को समाप्त कर दो। अपने आप को एक–दूसरे से ऊंचा मत समझो और जातियों का अंतर जड़ से ही समाप्त कर दो।

सतिगुरू जी ने सिखों को दूसरों धर्मों और संप्रदायों से अनूठा रखने के लिए उन्हें कुछ विशेष नियम और आदेश दिए ताकि सभी एक महान् खालसा संगठन में समाहित हो सके। सिखें को अमृत समय पांच बाणियां : जपुजी, जापु, सवैए, चौपई और अनंद साहिब का पाठ करना, शाम के समय रहिरास और सोते समय सोहिले का पाठ करने की मर्यादा निश्चित की। पांच ककारों की रहत दृढ़ करवाई, केस, कंघा, कड़ा, किरपान और कछहिरा पहनने का हुक्म दिया। गुरू जी ने फरमाया कि सिखी रहत से, शब्द का जाप करने से बदी, पाप, बुराई और दुष्ट विकार जीव को छोड़ जाते है, ऐसा केवल शब्द से जुड़ने के करने के कारण ही संभव होता है, जो शब्द का बड़प्पन है।

चार कुरहितों से बचने का फरमान किया, केस की बेअदबी नहीं करना, पर–स्त्री व पर–पुरुष से शरीरिक संबंध कायम न करना, हलाल

नहीं खाना, तंबाकू का सेवन नहीं करना। वाहेगुरू जी पर पूर्ण भरोसा रखना और अन्य किसी देवी–देवते का ध्यान ना करना। इतिहास में लिखा मिलता है कि पहले दिन ही 20,000 से अधिक सिखों ने अमृत की दात प्राप्त की। यह संत सिपाहियों की खालसा कौम बनी । इससे सिद्ध होता है कि सिख ककार पहले ही पहनते थे परन्तु गुरू साहिब जी के फरमान ने इन्हें आवश्यक घोषित कर दिया है। आपने स्वयं पांचों से अमृत लेकर नए सिरे से सिखी की मर्यादा कायम की। ये ककार, ऐसे समझा जाए, जैसे सुहागण अपनी मांग में सिंदूर सजाती है, जिससे पता लगता है कि इस का सुहाग कायम है। उसी प्रकार ककारों से सजे हुए प्राणी से पता लग जाता है कि यह गुरू साहिब जी का सिख है। उस सिख की भी भावना इस प्रकार की होनी चाहिए है कि :

गुरु मेरै संगि सदा है नाले।।
सिमरि सिमरि तिसु सदा सम्ाले।।

(अंग 394)

प्रत्येक सिख के लिए आवश्यक है कि वह जीवन में हर प्रकार की ईमानदारी को अपनाए क्योंकि प्रतीक रूप में वह गुरू साहिब जी का प्रतिनिधि है। पुराने समय में गुरू साहिब जी के सिखों के जीवन अत्यन्त ऊंचे और आदर्शमय होते थे, अभी भी वैसे सिख है, परन्तु उनकी गिनती कम हो सकती है। इस कमज़ोरी का कारण हमारे सिखों की मुख्य संस्थाओं को अपने आंतरिक ढ़ांचे और अपने निजी जीवन की ओर देख कर पड़ताल कने की आवश्यकता है। सतिगुरू जी का विधान स्लैकशन है ना कि इलैक्शन। सतिगुरू जी ने स्वयं परख करके, छांट कर अपने प्रतिनिधिों का चयन किया ना कि संगत के हाथ खड़े करवा कर या वोटों द्वारा। जो व्यक्ति सदस्य बनने के लिए, प्रधान या अध्यक्ष बनने के लिए चुनाव लड़ते है, वोट प्राप्ति के लिए भगदौड़ करके प्रचार करते है। ऐसा कोई सिद्धांत गुरू साहिब और सिखों के इतिहास में है नहीं। गुरू साहिब ने पांच प्यारे, सिर भेंट करने वालों को कहा। क्या नवाब कपूर सिंह जी को 'नवाबी' हाथ खड़े करवा कर या वोटों द्वारा प्रदान की गई, नहीं बिल्कुल नहीं, ऐसा उनकी सेवा देख कर बख्शिश हुई। इस रीति से

इस कारण सिखों का बहुत नुकसान भी हुआ है। इस रीति को बदलने की सख्त, तुरन्त व झटपट करने की आवश्यकता है। सिखों को भी श्री गुरू रामदास साहिब जी के सिख रहत संबंधी गउड़ी राग में उच्चारित किए गए बचनों पर विचार करने की आवश्यकता है। फरमान है :

गुर सतिगुर का जो सिखु अखाए सु भलके उठि हरि नामु धिआवै।।
उदमु करे भलके परभाती इसनानु करे अंम्रित सरि नावै।।
उपदेसि गुरू हरि हरि जपु जापै सभि किलविख पाप दोख लहि जावै।।
फिरि चड़ै दिवसु गुरबाणी गावै बहिदिआ उठदिआ हरि नामु धिआवै।।
जो सासि गिरासि धिआए मेरा हरि हरि सो गुरसिखु गुरू मनि भावै।।
जिस नो दयिआलु होवै मेरा सुआमी तिसु गुरसिख गुरू उपदेसु सुणावै।।
जनु नानकु धूड़ि मंगै तिसु गुरसिख की जो आपि जपै अवरह नामु जपावै।।
(अंग 305)

श्री गुरू नानक देव जी जब इस जगत में पधारे तो उन्होंने ऐलान किया कि धार्मिक मनुष्य दो पक्षों की ओर नही हो सकता और कहा कि, ऐसा कहना कि यह बात हमारे साथ संबंधित नहीं, हमारा क्षेत्र शासन नही है, परवान नहीं है। गुरू साहिबान ने मनुष्य के अधिकारों मनुष्य के मान–सम्मान को सर्वव्यापकता से जोड़ा और कहा कि सिख को हिम्मती होना चाहिए और अपनी मर्ज़ी से, बहादुरी से, खुदमुख्तयार होकर, उत्साहित होकर और गुलामी रहित वास्तविक जीवन जीना चाहिए। **सिखी सिखिया गुर वीचारि।। नदरी करमि लघाए पारि।।** समाज में रहते हुए सिखों को अपनी जीवन–प्रक्रिया और विचारधारा को बचा कर, संभाल कर रखना है। इसी कारण सिख अरदास में कम से कम दो समय सिखी दान, केस दान, रहत दान, अमृतसर के स्नान की विनती करता है अर्थात् मुझे गुरू साहिब जी की बख्शिश मिल सके।

सिंह शेर को कहा जाता है और कौर का अर्थ राजकुमारी कहा जाता है। एक बार मैं शेर संबंधी एक प्रोग्राम देख रहा था कि एक चिड़ियाघर में एक अहाते में चारदीवारी थी, जहां पहले एक युवा शेरनी रहती थी, वहां एक युवा शेर को लाया गया। जब शेर को उस चौतरफा घिरे हुए जंगले में उतारा गया तो शेरनी अपने हिसाब से अपनी दोनों टांगें आगे

की ओर फैला कर बैठ गई। इस इशारे का अर्थ यह था कि वह शेर की अधीनगी को स्वीकार करती है परन्तु शेर ने उस शेरनी की ओर कोई ध्यान न दिया बल्कि चारों ओर घूम–फिर कर अपनी सीमा का निरीक्षण किया। दो–तीन दिन के बाद सारे स्थान से परिचित हो जाने के पश्चात् ही उसने शेरनी में कुछ रुचि दिखाई। इसी प्रकार सिख को भी अपनी सीमाओं और अपने भीतरी विकारों को भी अपने काबू में रख कर, संयम रखना चाहिए।

सतिगुरू जी फरमाते है कि रहत में रहने से शब्द से जुड़ने से विकार पीछे रह जाते है, भाव छूट जाते है, जो सिख को सताते नहीं। फरमान है :

रहत रहत रहि जाहि बिकारा।।
गुर पूरे कै सबदि अपारा।।

(अंग 259)

भाई नंद लाल (सिंह) जी भी रहतनामे के बारे में वर्णन करते है :

रहत रहत रहि जायि बिकारा।।
रहत धरम सिंघन को सारा।। 104।।
रहत बिन सद्गति नहि होई।।
रहत बिना भल कहै न कोई।। 105।।
रहत बिना नहि सिंघ कहावै।।
रहत बिना दर चोटा खावै।। 106।।
रहत बिना जग मो भरमाई।।
रहत बिना नर नरके जाई।। 107।।
रहत बिना तनखाही जानो।।
रहत बिना जड़ भूत भखानो।। 108।।
रहत बिना सुख कबहू न लहै।।
तां ते रहत सु दृढ़ कर गहै।। 109।।

भाई नंद लाल जी कहते है कि मन को पक्का रख कर भक्ति करने से पूर्ण रहत प्राप्त होती है। जब से प्रभु ने सृष्टि पैदा की, तब से ही मनुष्य बनाया और उसे केशों का श्रृंगार बख्शिश किया। रहतनामा में वह उच्चारित करते है :

मन दृढ़ राखहि भगति कमावै।।
पूरन रहत तहा ते पावै।। 87।।
जब पहिले सब स्रिसट उपाई।।
तब ही मानुख देहि बनाई।। 88।।
तन इस के सिर केस जु दीनो।।
सो इह तन सिंगारहि कीनो।। 89।।
दाढ़ा मुछ सिर केस बनाई।।
है इह दृढ़ जिह प्रभू रजाई।। 90।।

भाई नंद लाल जी ने श्री गुरू गोबिंद सिंह जी से ही मार्गदर्शन लेकर ये बचन कहे कि यदि कोई पूर्ण रहत वाला सिंह होगा तो वह अन्य लोगों के लिए रोल मॉडल की तरह उदाहरण बनेगा। ऐसी रहत वाला जो सिख है, वह मालिक की तरह है और मैं उसका शिष्य हूं। आगे फरमान है :

रहतवान जग सिंह जे कोई।।
गुर के लोक बसैंगे तेई।। 102।।
रहिणी रहै सोई सिख मेरा।।
वह ठाकुरु मैं उस का चेरा।। 103।।

ककार

श्री गुरू नानक देव साहिब जी के समय से ही धर्म प्रचार के लिए यत्न किए गए और सिखों को उसूल दृढ करवाए गए कि नाम जपना, धर्म की किरत करना और वंड के छकना है। धरमशाला (गुरूद्वारा) बनाने के उपदेश गुरू साहिब जी की उदासियों अर्थात् यात्राओं दौरान मिलते है और मंज़ियां बख्शिश करने के साक्ष्य भी मिलते है। इसी प्रथा का और अधिक प्रचार व प्रसार करने के लिए श्री गुरू अमरदास जी ने भी यत्न किए और दूर दूर स्थानों पर भी सिखों को प्रचार के लिए भेजा। बीबियों भाव स्त्रियों को भी पीढ़े (चौंकी) सौंपे गए। फिर elan (प्रचार हित तख्त या पलंघ पर बैठना) पंजाबी में मसंद नियुक्त किए गए। ये मसंद भी सिख धर्म के साथ जोड़ने वाले मध्यस्थों की तरह से थे। परन्तु जब जप–तप कम हो गया अर्थात् जिस योग्यता के कारण मसंद नियुक्त किया गया था और उनके स्थान पर उनकी अपनी पूजा प्रतिष्ठा बढ़ गई तब गुरू साहिब जी के सिख बनवाने की बजाए, वे अपने सिख बनाने लगे। सिखी उसूलों में दसवंध (मेहनत की कमाई का दसवां हिस्सा) आदि कारण धन के अंबार लगने लगे, जो वास्तव में लंगर और गुरूद्वारों और सरोवर आदि के निर्माण कार्य के लिए भेंटा स्वरूप संगत द्वारा दिए जाते थे परन्तु मसंद लोग अपने लोभ, लालसा और अंहकार स्वरूप उस माया को अपने पास रखने लगे और स्वयं गुरू बन बैठे। गुरू का भय दिखा कर, वे सिख संगत से और अधिक माया भेंट करने का दबाव बनाने लगे। कोई विरला ही मसंद इनमें ईमानदार रहा होगा अधिकतर दागदार हो गए।

दसवें पातशाह जी ने इस प्रथा को समाप्त कर दिया और अनेक गलत और बुरी नीयत वाले मसंदों को सज़ा भी दी। ये गिरावट किसी में व्यक्तिगत जीवन कारण और निजी स्तर पर थी। गुरू साहिब ने दृढ़

निश्चय कर लिया कि अकेला सिख भले कितना ही रसिक, अनुभवी और ज्ञानी क्यों न हो, तो भी उसे अकेले किसी सिख को दीक्षा देने का अधिकार नहीं होना चाहिए। 1699 की वैसाखी में विशेष घटना घटी, जब इन पांच ककारों की पवित्र भेंट खालसा की झोली में डाली गई। तब सिर्फ गुरू साहिब जी की हजूरी में पांच रहतवान सिखों को गुरू जी ने इस पवित्र कार्य को संपन्न करवाने का अधिकार सौंपा और उन्हें ही पांच प्यारे कह कर निवाजा जाता है। परन्तु एक खास बात को समझना ज़रूरी है कि उनका यह पद उस समय तक ही मान्य रहता है, जब वे किसी अमृत संचार आयोजन में हिस्सा लेते है या नगर कीर्त्तन में श्री गुरू ग्रंथ साहिब जी की सवारी के आगे चलते है।

श्री गुरू गोबिंद सिंह जी द्वारा इन सिरों की मांग करके और फिर सिर सौंप कर, मौत का भय ही दूर कर दिया और कह दिया कि यदि सीस गुरू का है तो फिर सोच भी गुरू समान विशाल हो, जो जात–पात, वर्ण, नस्ल और रंग से ऊपर हो और उन्हें पूर्ण विश्वास हो कि :

ऐकु पिता ऐकस के हम बारिक तू मेरा गुर हाई।।

(अंग 611)

आगे से रहत में दृढ़ पांच सिख ही अमृत छकाया करेंगे, वे जो गुरू के प्यारे है, जिनके भीतर गुरू का ज्ञान है और गुरू का प्यार है। वे पांच बार पांच बाणियों जपुजी, जापु, सवैए, चौपई और अनंद का पाठ करके अपनी दृष्टि को सरबलोह के बाटे में रखे जल पर टिकाएंगे और बाणी पढ़ते हुए खंडा जल में घुमाएंगे। फिर श्री गुरू ग्रंथ साहिब जी की हजूरी में गुरू जोति और जुगति की कला घटेगी और अमृत तैयार होगा। फरमान है :

पूरा गुरु अखव्ओ जा का मंत्र।।
अंम्रित द्रिसटि पेखै होयि संत।।

(अंग 287)

जिस प्रकार ह्दय में वासना हो तो काम, क्रोध, लोभ, मोह, और अंहकार आंखों द्वारा प्रकट हो जाता है। इसी प्रकार यदि प्रभु से प्यार हो तो लगन से, ह्दय से पढ़ी बाणी का जल पर गहरा प्रभाव होता है और वह जल बाणी की पारस कला से खंडा फिराने से (जो शक्ति का

प्रतीक है), गुरू की विधि अनुसार शक्ति का प्रवेश और प्रभु रस के प्रवेश से अमृत बन जाएगा और अभिलाषिओं को तृप्त करके मृत्यु से भय रहित अमृत जीवन बख्श कर खालसा की पाठशाला में दाखिल करवा देगा। पांच ककारों की रहत सिख के लिए ऐसे है, जैसे स्कूल की वर्दी पहनी जाती है।

गुरबाणी में भी फरमान है कि बाणी द्वारा तैयार किया गया यह अमृत भरा स्वादिष्ट भोजन छकने से सारी प्यास समाप्त हो जाएगी और सुख की प्राप्ति होगी :

अंम्रितु नामु निधानु है मिलि पीवहु भाई।।
जिसु सिमरत सुखु पाईयै सभ तिखा बुझाई।।

(अंग 318)

इसी कारण श्री गुरू रामदास साहिब जी सतिगुरू को सिर भेंट करने की गवाही देते है :

सतिगुर आगै सीसु भेट देउ जे सतिगुर साचे भावै।।
आपे दयिआ करहु प्रभ दाते नानक अंकि समावै।।

(अंग 1113)

रहतनामा में भी ऐसे फरमान मिलते है कि गुरू साहिब जी फरमाते है कि :

रहित पिआरी मुझ को सिख पिआरा नाहि।।

कई स्थानों पर उल्लेख मिलता है कि खंडे की पाहुल पांच प्यारों द्वारा ग्रहण करना पहली रहत है :

प्रथम रहित यह जान खंडे की पाहुल छके।।

खंडे की पाहुल ही क्यों छकनी चाहिए या ग्रहण करना चाहिए, इस प्रश्न का जवाब श्री गुरू गोबिंद सिंह जी चंडी की वार की दूसरी पउुड़ी में वर्णित करते है। याद रहे कि पहली पउुड़ी हमारी प्रतिदिन की अरदास की है, जिसमें दसवें सतिगुरू जी फरमाते है :

तेग बहादर सिमरियै घरि नउु निधि आवै धायि।।
सभ थाईं होयि सहायि।। 1।।

दूसरी पउुड़ी का आंरभ इस प्रकार होता है, जिसमें प्रभु जी के रहस्यों का वर्णन करते है :

खंडा प्रिथमै साज कै जिन सभ सैसारु उपायिआ।।
ब्रहमा बिसनु महेस साजि कुदरति दा खेलु रचायि बणायिआ।।

इसी कारण गुरू साहिब जी फरमाते है कि संसार को उत्पन्न करने से पहले अकाल पुरख प्रभु जी ने दो–धारा खंडा पैदा किया, उत्पन्न किया। इसीलिए खंडे को अकाल पुरख का स्पर्श प्राप्त है। खंडे का अर्थ है, खंड–खंड कर देना, टुकड़े–टुकड़े कर देना, जैसे भक्त श्री रविदास जी सोरठि राग में फरमाते है :

मीनु पकरि फांकिओ अरु काटिओ रांधि कीओ बहु बानी।।
खंड खंड करि भोजनु कीनो तऊ न बिसरिओ पानी।।
(अंग 658)

जैसे मछली पानी को नहीं भूल पाती, उसी प्रकार सिख को भले टुकड़े–टुकड़े कर दिया जाए, परन्तु उसे भी गुरू साहिब की बाणी न भूले। इतिहास इन बातों से भरा हुआ है कि सिखों ने अपने शरीरों की कुर्बानियां दी। परन्तु गुरू साहिब का बख्शिश किया सिदक भरा आदर्श न भूले। यह परिवर्तन लाने वाला पारसाई श्रद्धा भावना वाला ऐसा स्वाभाविक बहुत गर्मदल जैसे कर्म समान हो गया। यह मानव पहचान को समग्र रूप में पूर्ण इकाई वाला प्रत्येक दृष्टिकोण से सामाजिक, सांस्कृतिक और आध्यात्मिक क्षेत्र में भी पहला, एकदम क्रांतिकारी और नई सोच की ओर आगे बढ़ा कदम दिखाई देता है।

संक्षेप में, पांच ककारों को समझने के लिए यही कहा जा सकता है कि प्रत्येक महत्त्वपूर्ण घटना किसी विशेष समय और स्थान पर ही घटित होती है जो कि प्रत्यक्ष रूप से निकट परन्तु साथ ही दूरगामी समय को भी विशेष तौर से प्रभावित करती और बदलती है क्योंकि ये पांच ककार समय के अधीन नहीं है और खालसा इन ककारों को सदीवी काल तक धारण करेगा।

सतिगुरू जी ने सिखों को उपदेश दिया कि वही हमारा सिख है, जो गुरू को भा जाने वाली बात को माने वरना वह गुरू से बिछुड़ जाएगा और उसे चोट भी सहन करनी पड़ेगी। फरमान है :

सो सिखु सखा बंधपु है भाई जि गुर के भाणे विचि आवै।।
आपणै भाणै जो चलै भाई विछुड़ि चोटा खावै।। (अंग 601)

रहतनामों में उल्लेखित है कि गुरू साहिब जी फरमाते है कि जो रहतवान सिख है, वास्तव में वही मेरा मालक गुरू है, मैं उसका शर्गिद हूं । फरमान है :

रहिणी रहै सोई सिख मेरा।।

ओह साहिब मै उस दा चेरा।।

भाई गुरदास सिंह जी तीसरी पउुड़ी में गुरमुख मनमुख और गुर चेले का वर्णन करते हुए फरमान है :

हुकमै अंदरि वरतदी सभ स्रिसटि सबाई।।

इकि आपे गुरमुखि कीतीअनु जिनि हुकम मनाई।।

इकि आपे भरम भुलायिअनु दूजै चितु लाई।।

इकना नो नामु बखसिअनु होयि आपि सहाई।।

गुरमुखि जनमु सकारथा मनमुखी दुहेला।।

वाह वाह गोबिंद सिंह आपे गुरु चेला।। 3।।

जिस प्रकार श्री गुरू नानक साहिब जी ने प्यार के खेल में भाई लहिणा जी को गद्दी बख्श कर, नमस्कार कर, और उल्टी रीत चला दी। भाई गुरदास जी फरमाते है :

उुलटा खेल पिरंम दा पैरां उुप्पर सीस निवाया।।

(वार 1 पउुड़ी 23)

श्री गुरू गोबिंद सिंह जी ने पांच प्यारों के आगे सीस निवाया। कई गुरमति विद्धानों का मानना है कि जो दोहरा अरदास उपरांत पढ़ा जाता है, वह इस प्रकार है : गुरू खालसा मानीयै प्रगट गुरां की देह।। परन्तु कैसे यह बदल गया या बदला दिया गया, मालूम नहीं परन्तु गुरू साहिब जी ने यह फरमाया कि आत्मा ग्रंथ में (जोति) और शरीर पंथ (खालसा) में पांचों में समाया है। पांच रहतवान सिंह श्री गुरू ग्रंथ साहिब की हजूरी में यह जुगति प्रकट कर पाएगे भाव अमृत छका सकेंगे। इसी सुमेल को जोति और जुगति कहा गया है। गुरू साहिब जी ने पांचों को गुरिआई की जुगत बख्शिश की, जैसे उस्ताद बच्चों को पढ़ाता है, फिर कहता है कि अब मुझे याद किया हुआ सबक सुनाओ, ताकि मालूम हो सके कि ये पांच आगे और सिखों को अमृत छका पाएगे। इसी कारण पहले गुरू साहिब ने स्वयं अमृत ग्रहण किया। सतिगुरू स्वयं अमृत से लबालब है

और स्वयं अमृत बख्शिश करने वाले है। परन्तु हम जैसों की दिमागी नुक्ताचीनी भी हो सकती थी कि गुरू जी ने स्वयं अमृत कहां छका या ग्रहण किया था? सतिगुरू जी ने भेंटा अपर्ण करते हुए कहा कि मैं सारा सरबंस भेंट कर दूंगा। तभी उन्होंने खालसा को अपना खास रूप कहा और कहा मेरा वास पांच रहतवान सिंहों में है और मेरा सब कुछ इन्हीं के कारण ही है। फरमान है :

सिख पंचहु मे मेरो बासा।।
पूरन करों धरहों जिह आसा।।
मो ग्रहि मै मन ते तन ते सिर लउ धन है सभही इनही को।।

अमेरिका में 11 सितंबर 2001 को हुई घटना के बाद कुछेक शरारती और अज्ञानी लोगों ने सिखों को मुसलमान समझ कर शरारत की और उन्हें नुकसान पहुंचाया। ऐसी कुछ घटनाओं के बाद अमेरिकी सरकार ने सिखों की अलग पहचान को प्रकट करता हुआ क्लैंडर समान एक पोस्टर अखबारों और सारे सरकारी कार्यालयों, पुलिस स्टेशन में लगाया, जिसमें पूर्ण गुरसिख साबत सूरत दस्तार बांधने वाले, बच्चों से लेकर दस्तारधारी सिख खुली दाढ़ी वाले और दस्तारधारी स्त्रियों की तस्वीरें प्रकाशित की। उस क्लैंडर में किसी भी क्लीनशेव या दाढ़ी काटने वाले को सिख के रूप में नहीं दिखाया गया था। स्पष्ट है कि साबत सबूत केश वालों को ही सिख कौम का अंग माना गया और दाढ़ी काटने वालों को अमेरिकी सरकार ने सिख ही नहीं माना।

यह अत्यन्त अचरज और अज्ञानता की बात है कि पतित तो कहीं रहे, वर्तमान समय की जनता भी इस वास्तविकता को भूल चुकी है कि केवल अमृतधारी दीक्षित सिख ही सिख है। सिख परिवार में जन्म लेने से ही कोई सिख नहीं बन जाता। सारे धर्म ग्रहण करने के लिए कोई न कोई विधान बने है या बनाए गए है। इस प्रक्रिया से व्यवाहारिक तौर पर गुज़रे बिना कोई उस धर्म का मुरीद, चेला या सिख सेवादार नहीं कहलवा सकता। इस बारे में हमारी मुख्य संस्थाओं को भी स्व–आलोचना करनी चाहिए और सभी को इस बात से परिचित करवाना चाहिए।

यहां एक सवाल उस बहुगिनती पर भी लागू होता है, जो श्री गुरू ग्रंथ साहिब जी की हजूरी में जाते है परन्तु उन्होंने अमृत नहीं छका या

ग्रहण नहीं किया तो क्या वे एक सिख की हैसियत से जा रहे या केवल एक प्रशंसक के तौर पर ही जा रहे है ?

कई कहते है कि रहत रखना मुश्किल है, बंधन में रहना पड़ता है परन्तु यह एक ऐसी रहत है जो विकारों से मुक्त करवा देती है। परन्तु व्यक्ति को अपने काम–काज और व्यवहार के लिए स्वयं उत्तरदायी होना पड़ता है। पांचों विकारों की गुलामी से मुक्ति हो जाती है और रहतवान सिख प्रभु की दृष्टि का, कृपादृष्टि का उम्मीदवार बन जाता है। फरमान है :

बंदे से जि पवहि विचि बंदी वेखण कउ दीदार।।

(अंग 465)

जीवन प्रक्रिया शरीरिक और मानसिक दो प्रकार की होती है, शरीरिक प्रक्रिया है शरीर और पांच ककार धारण करना और मानसिक प्रक्रिया है बाणी का पाठ और नितनेम करना। मूल मंत्र और गुर मंत्र का जाप करना और अन्य बाणियों का पाठ करना। इसी प्रकार दो प्रकार की प्रक्रिया है, निजी, व्यक्तिगत और पंथ संबंधी। श्री गुरू नानक साहिब जी प्रभाती राग में सच्ची रहत बारे फरमाते है कि शब्द से जुड़ कर अंहकार को दूर करने से जीवन मुक्ति की तरह की रहत प्राप्त हो सकती है। फरमान है :

सेवा सुरति सबदि वीचारि।। जपु तपु संजमु हउमै मारि।।
जीवन मुकतु जा सबदु सुणाऐ।। सची रहत सचा सुखु पाऐ।।

(अंग 1342)

भक्त श्री कबीर जी फरमाते है कि मैं ऐसी प्राकृतिक प्रभु की रहत अपनाई है। फरमान है :

अपु तेजु बायि प्रिथमी आकासा।।
ऐसी रहत रहउ हरि पासा।।

(अंग 327)

भक्त कबीर जी कहते है कि मैं प्रभु के चरणों में जुड़ कर तत्वों के गुणों जैसी शुभ रहित अपना ली है।

इन पांचों तत्वों की रहत को इस प्रकार से समझा जा सकता है। पानी, जल का निवाण की ओर जाना भाव नम्रता को ग्रहण करना जैसे पानी से बिना जीना असंभव है, इसी प्रकार सिख के जीवन में बाणी भी रची जाए और सिख का जीवन बाणी के बिना असंभव हो जाए।

श्री गुरू रामदास साहिब जी फरमाते है :

जिउ प्राणी जल बिनु है मरता तिउ सिखु गुर बिनु मरि जाई।।

(अंग 757)

गुरबाणी में फरमान है कि पानी अपनी रहत ऐसे रखता है, फरमान है :

रे मन ऐसी हरि सिउ प्रीति करि जैसी जल दुध होयि।।
आवटणु आपे खवै दुध कउ खपणि न देयि।।

(अंग 60)

सतिगुरू जी फरमाते है कि जल से स्नान करके प्रभु को याद कर, तेरा मन और शरीर चुस्त और अरोग्य हो जाएगा। फरमान है :

करि इसनानु सिमरि प्रभु अपना मन तन भऐ अरोगा।।
कोटि बिघन लाथे प्रभ सरणा प्रगटे भले संजोगा।।

(अंग 611)

कछहिरा प्राकृतिक शक्तियों में से पानी के मूल तत्व के हिस्से से संबंधित है। अग्नि का काम है, जला देना, गर्माइश देना, इसका स्वाभाविक गुण है। इसी प्रकार पांचों विकारों को स्वाभाविक जीवन प्रवाह के प्रभाव तले परपोकार, नेकी और मज़लूमों के पर जुल्म और अधिक शोषण का मुकाबला करे और जोश से अग्नि और सिख के स्वभाव नीचे लिखे फरमानों प्रकट होते है :

ब्रहम गिआनी का इहै गुनाउ।।
नानक जिउ पावक का सहज सुभाउ।।

(अंग 272)

किरपान प्राकृतिक शक्तियों से अग्नि के मूल तत्व के हिस्से से संबंधित है। सतिगुरू जी बाणी में फरमाते है कि परमात्मा के डर (हुक्म) में ही आग भी मजदूरी कर रही है :

भै विचि अगनि कढै वेगारि।।

(अंग 464)

तू भी इसी प्रकार प्रभु के डर से अग्नि की तरह काम कर। कई बार इस शुभ मार्ग पर चलते हुए दुनिया की श्लाघा से भी अंहकार की वृत्ति पैदा हो सकती है। सतिगुरू जी उच्चारित करते है कि इन से सजग होकर जला दे। फरमान है :

नानक दुनीआ कीआं वडिआईआं अगी सेती जालि।।
ऐन्ही जलीईं नामु विसारिआ इक न चलीआ नालि।।

(अंग 1290)

आगे हवा अर्थात् पवन की रहत यह है कि हम हवा से आक्सीजन लेकर ही जीवित रहते है। यदि सांस न आए तो हम खत्म हो जाएगे परन्तु यह हवा भी प्रभु जी के हुक्म अनुसार चलती है और अग्नि और जल की तरह प्रभु जी के गुण गाती है। हवा करके ही हम बोलते है और प्रभु का यश गाते है। क्या मालूम आगे सांस आए कि न आए। प्रभु के हुक्म में चल कर ही उस प्रभु जी के गुण गाओ। कड़े को प्राकृतिक शक्तियों के मूल तत्व हवा से जोड़ा जाता है या कह सकते है कि यह हवा का ही अंश है। फरमान है :

गावनि् तुधनो पउणु पाणी बैसंतरु गावै राजा धरम दुआरे।।

(अंग 347)

भै विचि पवणु वहै सदवाउ।।
भै विचि चलहि लख दरीआउ।।

(अंग 464)

हरि जपदिआ खिनु ढिल न कीजई मेरी जिंदुड़ीऐ
मतु कि जापै साहु आवै कि ना आवै राम।।
(अंग 540)

इसी प्रकार ही पृथ्वी की रहत है कि वह भी प्रभु जी के डर में टिकी हुई है और उसके हुक्म में ही अनाज पैदा करती है। भले कोई धरती को खोद दे, भले कोई चंदन का लेप करे, वह अथाह धैर्य रखती है। हे सिख! तू भी धरती की तरह धैर्यवान होकर प्रभु के भय में चल। कंघे को प्राकृतिक शक्तियों में से धरती के मूल तत्व से जोड़ते है या ऐसा कह लो कि यह धरती का हिस्सा है। फरमान है :

ब्रहम गिआनी कै धीरजु ऐक।।
जिउ बसुधा कोऊ खोदै कोऊ चंदन लेप।।

(अंग 272)

भै विचि धरती दबी भारि।। **(अंग 464)**

भै–करि धरनी अंन उपावति।।
भै–करि मघवा मींह बरसावत।।
भै–करि गगन थंभ रहावति।।
भै–करि मेर बसुधा ठहरावति।।

(सरब लोह ग्रंथ)

आकाश की रहत है कि वह प्रभु जी के हुक्म से बिना खंभे के टिका हुआ है। इसी प्रकार क्षितिज की शून्यता में भी उसकी तंरगों का हम पर बहुत प्रभाव पडता है। उस प्रभाव अधीन कई बार हमारे विचार, ख्याल और सोच बदल जाती है। जहां गुर स्थानों में कीर्त्तन, कथा, सतिसंग के प्रवाह चलते है, वहां का वायुमंडल पवित्र होता है और मनुष्य की सोच सकारात्मक रहती है। गुर स्थानों और गुरमति आयोजनों में भी पांच ककारों का प्रचार–प्रसार होता है। ये पांच 'ककें' इस प्रकार है :

क–कीर्त्तन
क–कथा
क–कवि दरबार
क–कड़छा भाव लंगर
क–कड़ाह प्रशादि

अर्थात् जहां हर प्रकार से शरीर को संतुष्टि प्राप्त होती है। इसी प्रकार कवि दरबार, कथा और कीर्त्तन पाठ से सभी को मानसिक संतोष प्राप्त होता है। अन्य सतिसंगियों को देख कर आप में भी नाम–सिमरन का चाव पैदा होता है परन्तु इसके उल्ट शराब और जुएखानों में व्यभिचार के अड्डों का वायुमंडल शरारत, धोखे, व्यभिचार की अति मलीन, दुख, पीड़ा और मायूसी की तरंगों से भरपूर होता है जोकि मनुष्य को मानसिक तौर पर गिरावट की ओर ले जाता है। इसी कारण गुरू साहिब जी ने अनगणित शब्दों में सतिसंग, गुरूद्वारे जाने और सेवा करने की प्रेरणा दी है ताकि सिख का जीवन उच्च और शुद्ध हो सके।

मनुष्य की सुरति नीचे की ओर अपने आप चली जाती है भले कोई खास प्रेरणा की भी आवश्यकता नहीं पड़ती परन्तु उच्चावस्था की ओर सुरति लिजाने के लिए भजन, सिमरन सेवा अभ्यास और सतिसंग की आवश्यकता होती है। फरमान है :

गुरमुखि अंतरि सहजु है मनु चड़िआ दसवै आकासि।।
तिथै ऊंघ न भुख है हरि अंम्रित नामु सुख वास।।
नानक दुखु सुखु विआपत नही जिथै आतम राम प्रगासु।।

(अंग 1414)

श्री गुरू नानक देव साहिब जी फरमाते है कि अकाल पुरख की आरती के लिए आकाश थाल है और सूरज और चंद्रमा दिए है, तारामंडल आदि मोती है। मलिआनल को छू कर धूप सुगंधि ला रही है, हवा चवर कर रही है। हे प्रभु! यह तेरी अचरज भरी आरती हो रही है। अभ्यासी पुरुष कहते है कि अनहद शब्द के एक–रस बाजे बज रहे है और जिन सौभाग्यशालियों पर गुरू की कृपा का रिसीवर है, वह इस अनंत–आकाश से उसे सुन लेते है और मस्त हो जाते है।

गुरबाणी में अनेक प्रमाण मौजूद है कि असंख्य आकाश है, अनेक ब्रह्मांड है। जो सभी अकाल पुरख के हुक्म और विधान अनुसार चलते है। इसकी समझ साधसंगत, गुरू के हजूर में जाकर और गुरू कृपा द्वारा होती है। भाई गुरदास जी भी इसी प्रकार वर्णन करते है :

"अंबर नदरी आवदा केवड वडडा कोयि ना जाणै।।
उच्चा केवड आखीयै सुंन सरूप न आख वखाणै।।
लैण उडारी पंखणु अनल मनल उड्ड खबर न आणै।।
ओड़क मूल न लभ्भई सभ्भे होयि फिरन हैराणै।।
लख्ख अगास न अपड़न कुदरति कादर नों कुरबाणै।।
पारब्रहम सतिगुर पुरख साध संगत वासा निरबाणै।।
मुरदा होयि मुरीद सिझाणै।।

एक विद्वान अनुसार, मनुष्य को अपनी हैसियत समझने के लिए दिन में एक बार आकाश की ओर देख लेना चाहिए। कई बार जब कोई खिलाड़ी कोई विशेष प्राप्ति करता है तो वह धन्यवाद और एहसास के साथ आकाश की ओर देखता है, जैसे परमात्मा का आभार प्रकट कर रहा हो। सतिगुरू जी हमारी ओर से आभार प्रकट करने की भावना सदा बनाए रखना।

केशों को प्राकृतिक शक्तियों में से आकाश के साथ जोड़ा जाता है। यह आकाश मूल तत्व का अंश है। उस प्रभु से जुड़ने के लिए एरीयल या ऐंटीना की तरह है।

इस कारण उस प्रभु की रज़ा में रहना आकाश तत्व की ओर से प्रकट रहत प्रतीत होती है। इन पांच तत्वों की रहत से भी गुरसिखों को मार्गदर्शन प्राप्त करना चाहिए। श्री गुरू रामदास जी फरमाते है :

धरति पातालु आकासु है मेरी जिंदुड़ीए सभ हरि हरि नामु धिआवै राम।।
पउणु पाणी बैसंतरो मेरी जिंदुड़ीए नित हरि हरि हरि जसु गावै राम।।

(अंग 540)

यदि ये महत्त्वपूर्ण तत्व भी उस प्रभु के नाम का सिमरन करते है तो हे सिख तू भी नित्यप्रति हरि प्रभु का यशगान कर। इसी कारण ही गुरू के प्यारों ने हमारी अरदास में गुरू साहिब जी से रहत दान देने की विनती को शामिल किया है।

केस / केश

पांच ककारों में केस या केश सब से प्रथम आते है क्योंकि बाकी ककार बाहर से धारण किए जाते है परन्तु केश या केस तो शरीर का अंग है। केश जन्म से पहले ही गर्भ में उत्पन्न हो जाते है। यह भी प्रभु जी की ही बख्शिश है और शरीर का अंग है। श्री सरब लोह ग्रंथ में गर्भ में बच्चे के सभी महीनों की यात्रा का वर्णन किया गया है कि किस प्रकार महीने में शरीर के क्या अंग प्रकट और प्रफुल्लित होते है। दूसरे महीने में चमड़ी और तीसरे महीने में चर्बी चढ़ने लगती है। चौथे महीने में केश और अंग रचे जाते है। पांचवें महीने में आंखें, कान और पैर। छठे महीने में कंठ, पेट, मास और दांतों का विकास होता है। जो बाद में प्रकट होते है और सातवें महीने में नाखून, रोम और सूक्ष्म बाल उजागर होते है। यहां सारे महीनों का वर्णन नहीं किया जा रहा बल्कि यही वर्णन किया जा रहा है कि केश बच्चा जन्म से ही साथ लेकर आता है, जो शरीर का विशेष मूल्यवान अंग है। सरब लोह ग्रंथ से कुछ पंक्तियां यहां दी जा रही है :

दुतीय मास तव्वा प्रगटानी।। तीजै मास मिजा–लपटानी।।
असतासथंभ ता औसरु भया।। चतुरथ कच अंगु निरमया।।
पंचम मास नेत्र स्रोत्र अरु पाद।। खसव्म मास कंठ अरु दांत।।
उदर भया जब खसव्म मास।। सपत मास नख, लोम, जीअ सास।।

हमारे केश लगातार नियमित तौर पर बढ़ते रहते है। सारे संसार के बच्चे केश सहित ही जन्म लेते है, क्योंकि यह भी प्रभु जी की ओर से बख्शिश स्वरूप ही प्राप्त होते है। यदि ऐसा कहा जाए कि सारे बच्चे प्राकृतिक रूप में सिख रूप में ही जन्म लेते है तो भी अतिकथनी नहीं होगी। बाद में अपने अपने धर्म और विश्वासों के द्वारा कई धर्मों में केश मुंडन आदि किए जाते है।

धन्न श्री गुरू गोबिंद सिंह जी महाराज ने केश न काटने और कटवाने का खास तौर पर हुक्म जारी किया है कि केश गुरू की मोहर है और केशों के बिना सिख नहीं कहलवा सकते क्योंकि यह प्राकृतिक है और शरीर का अंग है। गुरू साहिब जी ने खालसा साज कर सिख को अकाल पुरख का स्वरूप ही बख्श दिया है। इस वास्तविकता को भी समझने की आवश्यकता है कि अकाल पुरख जी की पूर्ण ज्योति का पूर्ण प्रकाश, पूर्ण आकार में ही प्रकट हो सकता है। हम सिखों ने तो श्री दशमेश जी की आज्ञा का पालन करने के हित केश रखें है। ये हमारे लिए सुहाग की निशानी की तरह है। गुरबाणी में फरमान है कि वह अकाल पुरख केशों सहित है, लंबे केश धारण किए है। फरमान है :

तेरे बंके लोयिण दंत रीसाला।।
सोहणे नक जिन लंमड़े वाला।।

(अंग 567)

कबीर केसो केसो कूकीयै न सोईयै असार।।
राति दिवस के कूकने कबहू के सुनै पुकार।। 223।।

(अंग 567)

केसवा बचउुनी अईऐ मईऐ ऐक आन जीउु।।

(अंग 693)

नामा कहै भगति बसि केसव अजहूं बलि के दुआर खरो।।

अंग 1105)

श्री गुरू ग्रंथ साहिब जी में दर्ज़ है कि भक्त नामदेव जी को प्रभु जी ने साक्षात् दर्शन दिए और दूध पीया :

दूधु पीआयि भगतु घरि गयिआ।।
नामे हरि का दरसनु भयिआ।।

(अंग 1163)

भक्त नामदेव जी उच्चारण करते है कि मेरा पिता प्रभु जी केशों वाले और सांवले रंग के प्रीतम हैः

मेरो बापु माधउु तू धनु केसौ सांवलीओ बीठुलायि।।

(अंग 988)

आउु कलंदर केसवा।। करि अबदाली भेसवा।। (अंग 1167)

श्री गुरू अर्जन देव साहिब जी फरमाते है कि हे केसधारी! प्रभु जी आपके कौतुक हैरान और अचंभित करने वाले है, जो आप को भाता है, वही प्रकट होता है। फरमान है :

केसव चलत करहि निराले कीता लोड़हि सो होयिगा।।

(अंग 1082)

गुर बिलास पातशाही 10 में भाई सुखा सिंह के रहतनामा के बोल दर्ज़ है, जो दसवें सतिगुरू जी का फरमान है :

इहै मोर आगया सुनो लै पिआरे। बिन तेग केसं दिवो ना दिदारो।
इहै मोर बैना मंनैगा सु जोई। तिसै इछ पूरं सभै जान सोई।

फारसी में लिखे इन दो शेयरों को कई लोग भाई नंद लाल जी द्वारा रचित मानते है :

निशानि सिखी ई पंज हरफि काफ। हरगिज़ न बाशद ई पंच मुआफ।
कड़ा कारदो कछछ कंघा बिदां। बिला केस हेच असत जुमला निशां।

अमृतधारी के पास यदि इन ककारों में से कोई ककार न हो तो उसे तनखाहीया कहा जाता है परन्तु केश ना होने पर सिख पतित हो जाता है।

ऊपरलिखित शेयरों से भी स्पष्ट हेता है कि केश खास है, महान् है। इनके बिना बाकी ककार स्वीकार नहीं। केश के बिना बाकी चार ककार शोभा नहीं देते जैसे : वर के बिना बारात शोभा नहीं देती। केश मूल है। इसी कारण गुरू साहिब जी ने केश को गुरू की मोहर कहा है। मोहर वह खास निशान होता है, जिससे देश और कौम के कानून लागू होते है। प्रत्येक अधिकारी के पद की अपनी अलग मोहर होती है। जैसे कई देशों में जाने के लिए वीज़ा लेना पड़ता है और परिणामस्वरूप वह देश स्वीकृति की मोहर लगाता है। इसी प्रकार किसी अन्य देश में स्थायी तौर पर रहने के लिए, पक्के तौर पर रहने की अनुमति देने की मोहर लगाई जाती है। श्री गुरू गोबिंद सिंह जी भी केश की महानता और प्राकृतिक तौर पर प्राप्त हुए केश को अपनी मोहर का दर्ज़ा देते है। जिसे अत्यन्त गंभीरता से समझने की आवश्यकता है। एक बार संत, महापुरुष से यह भी सुना कि यदि सिख से भूल हो जाए तो श्री गुरू गोबिंद सिंह जी नर्क में जाते सिख को भी केश द्वारा पहचान कर निकाल लेते है और फिर उसे बख्श देते है। उसे फिर से सुधरने का मौका देते है, अवसर प्रदान करते है।

यदि देखा जाए तो केश मनुष्य धारण कर ही नहीं सकता। यह प्रभु जी की पवित्र और अमूल्य देन है।। सोचें यदि मनुष्य स्वयं केश धारण कर सकता तो दुनिया में गंजे मनुष्यों को परेशान होने की आवश्यकता न पड़ती? इस समय दुनिया में अधिकतर स्थानों पर नकली बाल या विग मिलती है ताकि कम बालों वाले या गंजेपन का शिकार स्त्री–पुरुष सुंदर दिख सके। कई बार सिर में बाल उगवाने के लिए सिर में खोड़ करवा कर केस दुबारा उगाए जाते है। कई चैरिटी संस्थाएं भी स्त्रियों को लंबे बाल दान करने के लिए प्रेरित करती है।

गंजेपन और बाल उगाने के लिए लगभग 8.5 बिल्यिन डॉलर प्रतिवर्ष खर्च किए जाते है, हालांकि फिर भी गंजेपन और बाल झड़ने से रोकने के लिए या उगाने के लिए कोई कारगर इलाज उपलब्ध नहीं है क्योंकि केश के खोड़ (Follicle) हमें जन्म से ही प्राप्त होते है। किसी अन्य उपाय से इसे साइंस द्वारा पैदा नहीं किया जा सकता भाव यह प्राकृतिक सौगात है, जो प्रभु जी द्वारा दान में प्राप्त होती है।

भाई गुरदास जी 37वीं वार की चौदहवीं पउड़ी में फरमाते है कि जिस प्रभु के केश, दांत, आंखों आदि अमूल्य वरदान में दिया है, उनकी प्रीत सहित संभाल कर। यहां केश को भी दूसरे अंगों की तरह वाहिगुरू का वरदान बताया है। जिस प्रकार अन्य अंग काट जाने पर व्यक्ति अपाहिज हो जाता है परन्तु प्रभु जी चाहते है कि मनुष्य केश वाला हो जो अकाल पुरख का अपना स्वरूप है।

वाल दंद मुंह रोम रोम सास गिरासि समालि सलिसै।।

प्रभु जी की बख्शिश से प्राकृतिक तौर पर केश या बाल शरीर के लगभग सारे हिस्सों पर पैदा होते और बढ़ते है परन्तु पैरों के तलवों, हाथों की हथेलियों, होंठों और नाभि पर पैदा नहीं होते। सो जहां आवश्यकता नहीं, वहां प्रभु जी ने स्वयं ही वहां बाल उत्पन्न नहीं किए वरना हाथ–पैरों से काम करते हुए और होंठों से बोलते हुए अत्याधिक कठिनाई हो जाती। हमारे नाक को जितने बालों की आवश्यकता है, उतने ही प्रभु जी ने वहां बख्शिश किए है। हमारे केश एक जड़ जो कोइआ या खोड़ के तले होती है, वहीं से बढ़ने लगते है। यह जड़ प्रोटीन के सैलों या कोषणुओं की बनी होती है। प्रोटीन प्राणियों के भोजन का एक आवश्यक हिस्सा है।

सिर पर खोपरी को रत–नाड़ी–लहु पहुंचाती है, जिससे जड़ को खून मिलता है, जिससे अन्य सैल बनते है और केश बढ़ते है। केश चमड़ी से बाहर निकलते है। बढ़ते हुए यह (Oil Gland) तेल ग्रथियों सहित गदूद, चमड़ी या जोड़ों से भी गुज़रते है, जिससे ये नम्र व चमकीले रहते है। कई बार चिकनाई के कारण चिकने से हो जाते है, जैसे ग्रीस लगी हो। इसी कारण केशों को धोना और संरक्षण करना अति आवश्यक होता है।

एक आम व्यक्ति के सिर पर एक लाख से डेढ़ लाख तक के केशों की जड़े होती है और यह गर्भ में ही लगभग पांचवें महीने में ही उपजने लगती है। आम तौर पर एक दिन में लगभग 50–150 तक हमारे केश गिर कर उतर जाते है। केशों से फिर लगभग 20 बार केश उग आते है। हमारे केश बढ़ते है और एक केश की आयु लगभग 5 वर्ष तक होती है। हमारे 90 फीसदी केश किसी एक समय दौरान उगते व बढ़ते है और दस फीसदी जैसे सांस लेते है। हमारे केश बहुत लचकदार और ताकतवार होते है। नहाते समय या गीले होने से यह इलासटिक की तरह 30 फीसदी फैलते, फूलते और बढ़ते है।

हड्डी, मांस–मज्जा के बारीक तन्तु Bone Marrow Tissue के बाद केश हमारे शरीर के सब से बढ़ने वाले सूक्ष्म तन्तु है। केश अधिकतर Keratin प्रोटीन से बनते है। ये सब हमारी चमड़ी और नाखूनों के ऊपर के बाह्य हिस्सों में भी मिलता है। हमारे केश प्रतिदिन पांच मिलीमीटर या वर्ष में लगभग छह इंच तक बढ़ते है। हमारे केश का एक बाल लगभग 10 ग्राम का भार उठा सकता है और यह माना गया है कि हमारा एक बाल तांबे की तार उसी साइज़ और व्यास की तार से मजबूत होती है। ठंड और डर की अवस्था में हमारे केश की प्रत्येक लट, लड़ी का पट्ठा सिकुड़ता है और शरीर के बाल खड़े हो जाते है। जो अपने में पक्का सबूत है कि हमारे केश जीवित और क्रियाशील है।

हमारे केसों की बाह्य परत को ब्नजपबसम का नाम दिया गया है और यह एक दूसरे से ऊपरी तौर पर फांकों की तरह केशों की अंदरुनी तह की रक्षा करती है।

हमारे शरीर पर लगभग 5 मिलियन अर्थात् 50 लाख रोम, खोड़ा जड़े होती है जो गर्भ में ही बन जाती है। पुरुषों के केश औरतों के मुकाबले

अधिक तेजी से बढ़ते है। ढ़लती आयु में, वृद्धावस्था में कई खोड़ केश उत्पन्न करना बंद कर देते है ओर गंजापन प्रकट होने लगता है। ऐसा वंशानुगत भी होता है। इसके और भी कई कारण हो सकते है जैसे : खुराक या भोजन विधि और किसी अन्य रोग के निराशाजनक दबाव Depression आदि के कारण भी कई व्यक्तियों को यह कम या अधिक मात्रा में प्रभावित कर सकता है।

पुरुषों में दाढ़ी उत्पन्न होती है परन्तु स्त्रियों की नहीं। इसका एक विशेष कारण यह है कि हमारा जबाड़ा हारमोन (शरीर के रस में लहु घुल कर शरीरिक अंगों को सक्रिय करता है), Homoen (DHT) Dilydrotestosterone द्वारा उत्तेजित होता है और यह हारमोन Testosterone से बनता है जोकि पुरुषों में स्त्रियों के मुकाबले लगभग 8 गुना अधिक होता है। यह युवा अवस्था में चढ़ती जवानी में पुरुषों के जबाड़े की खोड़ों को अधिक प्रभावित करता है और कामुक कामनाओं को भी। भले ये खोड़ पुरुषों और स्त्रियों के जबाड़े में लगभग एक समान होती है। भले कुछ पुरुषों की दाढ़ी काफी घनी होती है और कईयों की कम, ऐसा भी वंशानुगत होता है। कुछ स्त्रियों की भी दाढ़ी आने लगती है। ऐसा ऊपरलिखित हारमोन के द्वारा ही होता है।

इसी प्रकार कहा जाता है कि जिन पुरुषों की अधिक भरी व सघन दाढ़ी होती है, उनके सिर के बाल जल्दी झड़ने लगते है और गंजापन जल्दी प्रभावित करता है और जिन की दाढ़ी कम होती है, उनके बाल अधिक समय तक कायम रहते है। इसी कारण स्त्रियों के सिर के बाल अधिकतर कायम रहते है।

सिर के केशों की अपेक्षा बाकी सारे शरीर में केस क्यों जल्दी नहीं बढ़ते क्योंकि सिर पर रोम, खोड़े अधिक तौर पर सक्रिय होते है जबकि बाकी शरीर और खोड़े वर्ष में एक या दो महीने के लिए ही सक्रिय होते है । थोड़ा–बहुत अंतर शरीरों में भी हो सकता है।

पुरातन विद्धानों के कथानानुसार और ऐसा धार्मिक ग्रंथों में भी अंकित है कि आम मनुष्य के शरीर पर साढ़े तीन करोड़ रोम होते है। भाई कान्ह सिंह जी की ये दो पंक्तियां अत्यन्त प्रसिद्ध है :

चार मिले चउुसठ खिले मिले बीस कर जोड़।
गुरसिख को गुरसिख मिले खिलहै सात करोड़।

चार मिले भाव दोनों की दो–दो आंखें, दोनों के बत्तीस दांत मिलने से चौसठ, दोनों के हाथ जुड़ने से बीस और दोनों के साढ़े तीन करोड़ भाव सात करोड़ रोम गुरसिख के दर्शन करने से खिल उठते है।

हमारे सिर के केश Antenna एरीयल की भांति आसमानी बिजली ग्राहक की तरह काम करते है। यह प्रभु जी के साथ संबंध कायम करने और बनाए रखने में सहायता करते है। जब हम पाठ, सिमरन, कीर्त्तन, बंदगी करते है तो हमारे शरीर के केश अत्याधिक सहायता करते है। इससे बहुत पवित्र और आत्मिक शक्ति एकत्रित होती है और हमारी शक्ति खारिज भी हो जाती है। इसी कारण पगड़ी या दस्तार सजाई जाती है। ऐसा पुरातन काल से किया जाता रहा है ताकि यह शक्ति नष्ट न हो। बाकी पहनावा जो पहना जाता है, वह सामाजिक है, दस्तार धार्मिक है। सिर को, केशों को ढक कर रखना अत्यन्त आवश्यक होता है। इसी कारण स्त्रियों द्वारा सिर पर सजाए जाने वाला 'केसकी' की भी अपनी महत्ता है। तनख्वाह नामा भाई नंद लाल जी इस प्रकार दर्ज़ है :

नगन होयि बाहर फिरहि नगन सीस जो खायि।
नगन प्रसाद जो बांटई तनखाही बडो कहायि। 24।

इसी प्रकार श्री गुरू ग्रंथ साहिब में फरमान है कि बहुत उच्चावस्था वाला गुरमुख शरीर के हर रोम के साथ प्रभु को याद करते हुए, उसी सच्चे प्रभु में समा जाता है :

गुरमुखि रोमि रोमि हरि धिआवै।।
नानक गुरमुखि साचि समावै।। (अंग 941)

पुरातन समय से ही ऋषि–मुनि, देवते, पैगंबर, राजा–महाराजा सभी केशधारी हुए है। भले सभी ने अपने अपने अलग धार्मिक नियम कायम किए परन्तु किसी ने भी केशों का खंडन नहीं किया।

केश खूबसूरती और रौब को चार चांद लगा देते है। दाढ़ी और केश से पुरुष बहुत पवित्र, मर्द, आत्मिक और चढ़दी कला समान प्रतीत होता है। सिर के केश सबसे लंबे और सघन जैसे राजधानी हो किसी देश की, जैसे शक्ति का पॉवर

हाउस हो। ज़रा सोचे, यदि बब्बर शेर के आगे जत बाल ना हो तो वह कैसा लगेगा? घोड़े के गले पर बाल और पूंछ के बाल काट दिए

जाए तो सूरत और कद्र आधी रह जाएगी। अन्य कई पशु, पक्षी, मोर, मुर्गे आदि की परों की खूबसूरती किसी से छिपी नहीं है। तोता और कबूतर नर पक्षी मदीन से अधिक सुंदर दिखाई देते है।

हमारे कशेों की रसायनिक बनावट इस प्रकार से है। जिसमें रसायनों की मात्रा लगभग इस प्रकार है : 45 प्रतिशत कार्बन, 28 प्रतिशत ऑक्सीजन, 15 प्रतिशत नाइट्रोजन, 7 प्रतिशत हाइड्रोजन और 5 प्रतिशत सल्फर होता है। हमारे केशों में पानी की मात्रा भी 12 से 15 प्रतिशत होती है और अन्य खनिज पदार्थों की मात्रा इस प्रकार से है, जैसे : कैल्यिशम, काडीमम, क्रोमीअम, कॉपर, ज़िंक, आयरन और सिलीकोन आदि लेस मात्रा में पाए जाते है। डाक्टरों के अनुसार, हमारे द्वारा खाए गए भोजन के आठ हिस्से होते है, जो शरीर के हिस्सों को रस व ताकत, आदि प्रदान करते है, वे है : हड्डियां, मांस, रोम, खून, त्वचा, वीर्य, मज्जा और नाड़ियां।

अकाल पुरख जी ने जिस प्रकार आवश्यक समझा, उसी प्रकार ही केश मनुष्य के शरीर के ऊपरी हिस्सो में आकार अनुसार उत्पन्न किए। भले हमारे दिमाग की सोच वहां तक पहुंच नहीं सकती और सारे शरीर के रोमों के सभी फायदे हम जान नहीं सकते। जैसे बरौनियों और आंखों की पलकों पर केस आंखों की रक्षा के लिए, बगल में पसीना निकलते समय रगड़ से बचाव और जन्नांगों के बाल पेशाब और वीर्य आदि से होने वाले रोगों और बैक्टीरिया से बचाव करते है। हमारे नथुनों में बाल हवा को छान कर भेजने में सहायता करते है। कई बार केश इतने बारीक होते है, एकदम सूक्ष्म कि जो साधरण तौर पर आंखों से दिखाई ही नहीं देते। इन रोमों का होना भी अति आवश्यक है..यह प्राकृतिक है और प्रभु जी द्वारा विशेष तौर पर बख्शिश का वरदान है।

सिर के केशों की लंबाई का रिकार्ड़ चीन की XIE QUIPING के पास है, जिसके केस 8 मई 2004 को माप अनुसार, 5.627 मीटर भाव अठारह फुट और 5.54 इंच लंबे थे। उसके अनुसार, इतने लंबे बालों की संभाल के लिए अत्यन्त धैर्य, सब्र और सहनशक्ति की आवश्यकता होती है। आपको खुद को सीधा रखना पड़ता है जब केस इतने लंबे हो। दिसंबर 2018 में गुजरात में सोलह वर्षीय नीलाशी पटेल के लंबे बालों की लंबाई 5 फुट 7 इंच मापी गई। उसने बताया कि सप्ताह में एक बार बाल धोने

और उन्हें सुखाने पर केवल आधा घंटा लगता है परन्तु कंघी करने में एक घंटा लग जाता है, जिसमें उसकी मां सहायता करती है। वह अधिकतर मीढ़ियां, जलेबी जूड़ा और गोल जूड़ा करती है।

पुरुषों में भी चीन के VAN HAY जटाओं जैसे लंबे केस माने गए है परन्तु जटाओं के कारण उलझे बालों की लंबाई को मापा नहीं जा सका। परन्तु कईयों का मानना है कि वह लगभग 6.8 मीटर थे जो कि 22 फुट से ऊपर भी हो सकते है परन्तु इन्हें धोया नहीं गया और जटाओं को रिकाड़ में शामिल नहीं किया जाता। एक सिख विद्धान द्वारा कथा करते हुए बताया गया कि उन्होंने जटाएं धारण किए एक व्यक्ति को देखा और उसने बताया कि उसने बरगद का दूध और बहुत सारे कटे बाल नाई की दुकान से लाकर, बरगद के दूध से जोड़ कर लंबी जटाएं बना ली, इसके बाद बहुत सारे बाल जुड़ते गए। जुड़ते हुए कई बार खेपड़ से बन जाते है क्योंकि कंघी नही की जाती। इसलिए कई लोग जटाओ में राख डाल लेते है ताकि बालों में जुएं ना हो।

पुरुषों की लंबी दाढ़ी में नार्वे के HANS NILSEN का रिकाड़ है, जिसे दफनाते समय मापा गया। 1927 में उस समय उसकी दाढ़ी की लंबाई 17 फुट 6 इंच थी। दूसरे नंबर पर कनाड़ा के स्वर्ण सिंह, जिसकी दाढ़ी की लंबाई सिंतबर 2011 में आठ फुट और ढ़ाई इंच थी। सबसे पहले दाढ़ी बांधने की परंपरा महाराजा शेर सिंह से चली आई मानी जाती है। इससे पहले दाढ़ी को बांधना अच्छा नहीं समझा जाता था। गुरमुख लोग दाढ़ी को खुला रखना ही अच्छा मानते है। दुनिया में सबसे लंबी मूंछों का रिकार्ड जयपुर के राम सिंह चौहान के नाम का है, जिसकी मूंछें 18 फुट और 5 इंच लंबी है। वह अपनी मूंछें सप्ताह में दो बार धोता है, जबकि उसकी दाढ़ी साधरण व्यक्ति की तरह है, इसलिए उसे वह दो दिन बाद ही धोता है।

सारे गुरू साहिबान में से श्री गुरू रामदास जी का दाहड़ा लंबा था, ऐसा ऐतिहासिक स्रोतों से पता लगता है। जब श्री गुरू नानक साहिब जी के साहिबज़ादे बाबा श्री चंद जी अमृतसर में गुरू साहिब जी से मिले और पूछा, "पुरखा, दाहड़ा इतना लंबा क्यों रखा है?" तब श्री गुरू रामदास जी ने नम्रतापूर्वक हाथ जोड़ कर कहा, आप जी जैसे महापुरुषों

के चरण झाड़ने के लिए। इतना कह कर वह बाबा श्री चंद जी के चरण झाड़ने लगे। बाबा जी प्रसन्न हुए और बहुत बख्शिश की और सरोवर को भी वरदान दिया। श्री गुरू ग्रंथ साहिब में फरमान है :

मेरे राम हरि जन कै हउु बलि जाई।।
केसा का करि चवरु डुलावा चरण धूड़ि मुखि लाई।।

(अंग 748)

करि किरपा अपना दरसु दीजै जसु गावउु निसि अरु भोर।।
केस संगि दास पग झारउु इहै मनोरथ मोर।।

(अंग 500)

दाढ़ी के बारे में भी गुरबाणी में अलग अलग फरमान है। कुछेक उदाहरण निम्नलिखित है, उनके अर्थ नहीं किए जा रहे :

से दाड़ीआं सचीआ जि गुर चरनी लगंनि्।।
अनदिनु सेवनि गुरु आपणा अनदिनु अनदि रहंनि्।।

(अंग 1419)

फरीदा सिरु पलिया दाढ़ी पली मुछां भी पलीआं।।
रे मन गहिले बावले माणहि किआ रलीआं।। 55।।

(अंग 1380)

तगु न इंद्री तगु न नारी।।
भलके थुक पवै नित दाढी।।

(अंग 471)

मुख सचे सचु दाढ़ीआ सचु बोलहि सचु कमाहि।।

(अंग 1419)

दाढ़ी संबंधी एक महत्त्वपूर्ण घटना इंग्लैंड के इतिहास में देखी जा सकती है। उस घटना को यहां प्रमाणस्वरूप दिया जा रहा है। श्री गुरू नानक साहिब जी का समकालीन सर टॉमस मूर 1529 में इंग्लैंड में लार्ड चांसलर बना और 1532 में उसने इस्तीफा दे दिया क्योंकि इसने उस समय के बादशाह हैनरी सात को चर्च का प्रमुख मानने से इन्कार कर दिया था। इस पर गद्दारी, राजद्रोह और बगावत का मुकद्दमा चलाया गया और 7 जुलाई 1535 को इसे मौत की सज़ा देकर इसका सिर कलम कर दिया गया। यह अत्यन्त संत स्वभाव का व्यक्ति था और इसकी लंबी

पवित्र दाढ़ी थी। जब कत्लगाह में कत्ल समय इसने अपनी गर्दन को लकड़ी के तख्ते पर रखा तो अपनी दाढ़ी को गर्दन से ऊपर कर लिया, ताकि गर्दन के साथ उसे काटा न जा सके। उसका कहना था, आखिर इसने तो बगावत नहीं की।

इस महान् संत स्वभाव के सर टॉमस मूर ने अंग्रेजी साहित्य में रिचर्ड तीसरे का इतिहास लिखा और अपनी अमर रचना ''यूटोपीआ'' लिखी जो कि विश्व का नक्शानामा और विश्वकोश के तौर पर स्वीकार की जा चुकी है। इसे इंसाइक्लोपीडिया और वर्ल्ड एटलस का नाम भी दिया जाता है। लगभग साढ़े तीन सदियों के बाद 1886 में इसे Beatify घोषित किया गया, जो कि ईसाई धर्म अनुसार, मृतक को परमानंद प्राप्त होने की आनंदित और निहाल होने की अवस्था माना जाता है।

गरीबा उपरि जि खिंजै दाढ़ी।।
पारब्रहमि सा अगनि महि साड़ी।।

(अंग 199)

दाढ़ी के केशों सहित व्यक्ति आध्यात्मिक और आदरणीय दिखाई देता है। पुरातन ग्रंथों में ब्रह्मा जी, नारद जी, विशिष्ट जी और भृगु जी की दाढ़ी की साखियां या प्रसंग मिलते है। श्री गुरू ग्रंथ साहिब जी से भी, जहां परमात्मा का अकाल पुरख का चित्रण किया गया है वहां उसे केश सहित वर्णित किया गया है। केसव का अर्थ केस वाला है। दाढ़ी के केशों से दांतों और मसूड़ों की बीमारियां कम होती है। बहुत से गुरसिख इसी कारण गले में 'हजूरियां या पल्ला' डाल कर रखते है ताकि यदि कभी छींक या खांसी आ जाए तो उस समय थूक या कोई छींटा दाढ़ी पर ना गिर जाए। खास तौर पर श्री गुरू ग्रंथ साहिब जी के हजूर में जाते समय या पाठ करते समय हजूरियां या पल्ला काफी आवश्यक होता है।

प्रभु जी ने शरीर पर कोई भी अंग ऐसा नहीं लगाया, जिसका कोई उपयोग न होता हो। इसी प्रकार केशों के बारे में हुई खोज से पूर्ण तौर से स्पष्ट होता है कि केश काफी मात्रा में विटामिन डी को पैदा करते है, जो कि हमारे शरीर के लिए अति आवश्यक होता है। विटामिन डी हमारी हड्डियों और दांतों को स्वस्थ रखने के लिए अत्याधिक आवश्यक होता है। कुछ विद्धान तो केशों को विटामिन डी को पैदा करने की फैक्ट्री

भी कहते है। यदि कोई केशों को कटवा देता है तो फैक्ट्री के कामों में रुकावट आ जाती है। केश ढ़के रहने से और भी तेजी से उगते है। इसलिए पगड़ी, दस्तार और दुपट्टे से सिर को ढ़क कर रखने की प्रथा हमारे देश में रही है।

हमारे केश गर्मियों में ठंडक और सर्दियों में गर्मी प्रदान करते है। केश दिल और दिमाग की एकाग्रता के लिए भी अत्यन्त कारगर माने गए है। इनके सभी लाभ तो हम जान ही नहीं सकते। यदि सतिगुरू जी ने इन्हें पहला ककार बताया है तो गुरू साहिब जी अकाल पुरख का सरूप, सारे गुणों और विशेषताओं को जानते हुए ही सभी को केश जन्म से पहले ही प्रदान कर देते है। सतिगुरू जी तो यह भी कहते है कि हे सिख! तू गुरू और प्रभु की रज़ा में आ जा और केशों का कत्ल मत कर क्योंकि जहां केश रहत का हिस्सा है, वहां केशों की बेअदबी करने वाला कुरहित हो जाता है और सिखी से दूर हो जाता है। गुरू जी फरमाते है कि मुझे रहत प्यारी है :

सो सिखु सखा बंधपु है भाई जि गुर के भाणे विचि आवै।।
आपणे भाणे जो चलै भाई विछुड़ि चोटा खावै।।
बिनु सतिगुर सुखु कदे न पावै भाई फिरि फिरि पछोतावै।।
(अंग 601)

पूरे का कीआ सभ किछु पूरा घटि वधि किछु नाही।।
नानक गुरमुखि ऐसा जाणै पूरे मांहि समांही।।
(अंग 1412)

प्रभु जी ने जहां बाकी अन्य अंग मनुष्य को दिए, जिनके बगैर मनुष्य अपंग हो जाता है, उसी प्रकार उन्होंने मनुष्य को केश भी प्रदान किए। केश हमारे दिमाग की भी रक्षा करते है। समर्थवान प्रभु ने मनुष्य को सब से उत्तम बनाया है।

इसी भावना को दृढ़ करते हुए हम अपनी अरदास में केस दान, सिखी दान के लिए सतिगुरू जी के आगे विनती करते है। तनख्वाहनामा में भाई नंद लाल जी ने लिखा है, बचन है, श्री गुरू जी का कि यदि कोई सिख का बेटा होयि और मोना होयि जावे, तिस की जड़ सूखी और जो मोना सिख होयि जावे तिस की जड़ हरी।

अभी भाई नंद लाल जी के कुछेक शेयर यहां अंकित करते है, जो भाई साहिब जी ने प्यारे के केसों, जुल्फों, कुंडल और रोम के प्रति उच्चारित किए है। भाई साहिब जी फरमाते है :

गर दिलि तू जानबि हक आरदत
अज़ बुनि हर मूऐ हक्क मे बारदत।। 425।।

अर्थ – यदि गुरू तेरा मन परमात्मा की ओर ले जाए, तेरे प्रत्येक रोम की जड़ से प्रभु का नाम बहने लगेगा।

काकुले ओ दिल फरेबे आलम असत।।
तालिबां रा मूयि ओ बासद लज़ीज़।।

(गज़ल न. 34)

अर्थ – उसकी जुल्फें दिल को मोह लेने वाली है। जिज्ञासुओं को उसके बाल अत्यन्त स्वादिष्ट प्रतीत होते है:

पातषहीए ई दु आलम यक निगाहे रूयितों।।
सायिआ ऐजुलफे तो अज़ बाले हुमा खाहद गज़सत।।

(गज़ल न. 11)

अर्थ – तेरे मुखड़े की एक निगाह में इन दो लोक को पातशाही समाई है। तेरी जुल्फ का साया, हुमा पक्षी से भी गुज़र जाता है भाव बहुत बढ़िया है क्योंकि विश्व प्रसिद्ध है कि यदि हुमा पक्षी (जो बहुत ऊंचे आसमान में उड़ता है) का साया किसी पर पड़ जाए तो उसे एक लोक की पातशाही प्राप्त हो जाती है :

ब सूऐ गैर मयफगन नज़र कि बे बसती।।
तमाम चषम षौ ओ सूए दोसत वा मे बाष।।

(गज़ल न. 39)

अर्थ– दूसरे की ओर नज़र मत कर भाव मत देख या अंधा हो जा। सारे रोम आंखें हो जाए और अपने प्यारे को देखने लगे:

दीने दुनीआ दर कमंदे आं परी रुखसारि मा।।
हर दो आलम कीमते यक तार मूऐ यारि मा।।

(गज़ल न. 2)

अर्थ – मेरा धर्म और दुनिया उस परी से चेहरे वाले की फांसी है। दोनों लोक हमारे मित्र के केशों के एक बाल का मूल्य है :

ई जुमलह जहां असीरि ज़ुलफत गषतह।।
यक्क लख्त अगर गिरह कुषाई चि षवद।। 2।।

(गज़ल न. 24)

अर्थ– यह सारा जहां तेरी जुल्फों का कैदी हो गया यदि तू एकदम तुरन्त गांठ खोल दे तो क्या हो जाएगा?

भाई गुरदास जी की पन्द्रहवीं वार की अठारहवीं पउुड़ी में मनुष्य की रचना समय प्रकृति ने शरीर की जो विचित्र और विलक्ष्ण रचना की, उसमें केशों को भाई साहिब शरीर के दूसरे अंगों से अधिक प्राथमिकता देते है :

मूंह अख्खीं ते नक्क कन्न हथ पैर दंद वाल गणाया।।
उत्तर कुल उत्तम जनम रोम रोम गुण अंग सबाया।।

सतिगुरू जी, प्रभु की ओर से जो केश बख्शिश किए गए है और यह धारण किए हुए केश कई शरीरिक रोगों से भी बचाव करते है । उन्हें धारण करना, उनकी संभाल करने की हिदायत करते है। गुरू साहिब जी यह भी उच्चारित करते है कि मुझे सिख कहलवाने वाले से अधिक सिखी रहत रखने वाला भाव हुक्म मानने वाला सिख ही अधिक प्रिय है :

भेख पिआरा नाहि मम वरण पिआरा नाहि।।
रहित पिआरी मोह को सिदक पिआरा आहि।। 45।।

(सौ साखी में से)

केशों को साबत रखना यह प्रभु जी का कहना मानने समान है। गुरू साहिब जी हमें सावधान करते है :

गुरसिख मीत चलहु गुर चाली।।
जो गुरु कहै सोई भल मानहु हरि हरि कथा निराली।।

(अंग 667)

वृक्ष की टहनी काटने पर तरल पदार्थ बहने लगता है जैसे कि वृक्ष रो रहा हो, इसी प्रकार ही केशों को काटने से शरीर को अवश्य सूक्ष्म दुख होता होगा, जो व्यक्ति महसूस नहीं करते। विज्ञान इसकी खोज करेगा, उससे स्पष्ट होगा। यदि नाखून थोड़ा सा ज्यादा कट जाए तो कई दिनों तक पीड़ा महसूस होती रहती है। केस या केश ज़िंदा है, इसका पक्का सबूत है कि केश काले होते है और उम्र अनुसार अधपके या फिर सफेद हो जाते है। केश जानदार है और जागरूक है क्योंकि

केश काटे जाने के बाद फिर से बढ़ने लगते है क्योंकि यह प्रभु जी की ही रज़ा है। प्रभु जी की ही इच्छा है कि मनुष्य केशधारी हो। केश सिख रहत का स्वाभाविक चिन्ह है भाव सिख छिप–लुक कर नहीं बना जा सकता। सतिगुरू जी ने ऐसा ही स्वरूप उसे बख्शिश किया है कि सैंकड़ों–हज़ारों लोगों में खड़ा सिख दस्तार व केशों के कारण दूर से ही पहचाना जाता है। सतिगुरू जी ने रहत पर बहुत बल दिया है। गुरबाणी में रहतनामों में ऐसे कई उपदेश मिलते है :

सेवा सुरति सबदि वीचारि।। जपु तपु संजमु हउमै मारि।।
जीवन मुकतु जा सबदु सुणाऐ।। सची रहत सचा सुखु पाऐ।।
(अंग 1343)

गिआनु धिआनु सभु गुर ते होई।। साची रहत साचा मनि सोई।।
(अंग 831)

रहिणी रहहि सोई सिख मेरा वह ठाकुर मै उुस का चेरा।।
करहि अकाल पुरख की आसा।। जनम मरन कट डारै फासा।। 36।।
(रहितनामा भाई प्रहिलाद सिंह)

रहतनामा भाई देसा सिंह जी सोरठा में अंकित करते है, जो इस प्रकार है :

प्रिथम रहत यह जान खंडे की पाहुल छके।।
सोई सिंघ प्रधान अवर न पाहुल जो लऐ।। 6।।
पांच सिंघ जो अंम्रित देवैं।
तां को सिर धरि छकि पुन लेवै।।
पुन मिलि पांचहु रहत जो भाखहि।
तां को मन मैं द्रिड़ करि राखहि।। 7।।

केशों की बेअदबी मत करो की शिक्षा तो श्री गुरू नानक देव साहिब जी से ही लागू हो गई थी। ऐसे कई उदाहरण मिलते है, जब श्री गुरू नानक देव जी मक्के मदीना और बगदाद में गए, तब बहुत सारे मुसलमानों ने भी उन के लिए श्रद्धा व्यक्त की। भाई बाला जी की जन्म साखी में मक्का–मदीना की सारी गोष्टि दर्ज़ है। पीर बहाउदीन गोष्टि में अपना पक्ष रखता है कि :

बंदा बाद षरीअती कदे पाक न होयि।
बाझों सुंनत आदमी दरगहि लए न ढोयि।

श्री गुरू नानक देव साहिब जी उत्तर में फरमाते है, फारसी में मूऐ केशों को कहा जाता है। सतिगुरू जी गोष्टि में कहते है :

सची सुंनत रब दी मूऐ लै आइआ नाल।।
जो रखे मूऐ सलामती सो खासा बंदा भाल।।
अव्वल सुंनत मूऐ है सिर ते रखै जोयि।।
पावै मुरातबा सयदी वडा रिखीषर होयि।।
रख्खे मूऐ हलाल खायि निकट हराम न जायि।।
सभ संसार की किआ चले तिस ते डरे खुदायि।।

इनमें कईयों ने केश धारण किए और उच्च के पीर कहलाए। दसवें सतिगुरू जी इसी प्रकार उच्च के पीर बन कर घेरे से बाहर निकले थे क्योंकि सभी मुसलमान जानते थे कि उच्च के पीर केश सलामत रखते हैं।

श्री गुरू अर्जन देव साहिब जी भी मारू राग में इस शब्द में इस्लाम धर्म को मानने वालों को असली शरह बताते है कि अपना चेहरा ज्यों का त्यों रख कर, मलीन हो रहे मन को पवित्र करने की कोशिश कर, तुझे इसी प्रकार आदर–सत्कार प्राप्त होगा :

नापाक पाकु करि हदूरि हदीसा साबत सूरति दसतार सिरा।।
(अंग 1084)

भाई मरदाना जी के पुत्र सयादे को केस ना काटने की सच्ची शिक्षा बख्शिश करते है कि यह हमें गुरू नानक साहिब जी ने बख्शिश की है।

तिलंग राग के पहले शब्द में श्री गुरू नानक साहिब इस्लाम धर्म को मानने वालों को उनकी भाषा में उपदेश देते है कि मौत किसी समय भी आ सकती है। उस समय और कोई सहायता नहीं कर सकता और परमात्मा के प्यारों की चरण धूल मांग लो और इस प्रकार प्रतीत करो कि मौत के फरिश्ते अज़राईल ने तुम्हें केशों से पकड़ रखा है। अपने दिल को समझा लो कि दुनिया नाश्वान है। फरमान है :

दुनीआ मुकामे फानी तहकीक दिल दानी।।
मम सर मूयि अजराईल गिरफतह दिल हेचि न दानी।।
(अंग 721)

जब जब भी कोई व्यक्ति धार्मिक तौर पर तरक्की करता है, प्राकृतिक के भेद उसके सामने खुलने शुरू हो जाते हैं । आम तौर उसे इस बात की समझ आ जाती है कि केशों की बेअदबी नहीं करनी चाहिए क्योंकि यह बात प्रकृति के नियम के विपरीत है। यह बात उन्हें समझ में आ जाती है, जो केशों को काटते है, स्वाभाविक तौर पर वह फिर से उगने लगते है, जो प्रभु जी को ऐसा ही भाता है, नहीं तो बार बार काटते है, वह इस प्राकृतिक नियम के सामने हारते ही नहीं सारी उम्र। धार्मिक व्यक्ति उस प्रभु की रज़ा को खुशी–खुशी स्वीकार कर लेते है। जिन व्यक्तियों ने जीवन में बहुत बड़ी उपलब्धियां प्राप्त की है, दुनिया के इतिहास में वह अधिकतर केशधारी ही थे या हो गए थे, जैस–जैसे उन्हें इस बात की सूझ आती गई।

यहां कुछ नाम दे रहे हैं : टैगोर, कोलबंस, मोज़ार्ट, लिंकन, कार्ल मार्क्स, कंफ्यिूशियंस, नैपोलियन, जूलियर सीज़र, एडीसन, वाशिंगटन, विक्टर ह्यूगो, गलैलियो, बर्नाड शॉ, बीटहोवन, टालस्टायि, लैनिन और गुटनबर्ग। स. भगत सिंह ने भी भाई साहिब भाई रणधीर सिंह जी के साथ जेल में मुलाकात के बाद केशों की बेअदबी नहीं की और अंतिम समय फांसी के समय उसके सिर पर लगभग छह इंच लंबे केश और दाढ़ी–मूंछ थे।

वेद, पुराण, श्रृतियां, उपनिषद्, कुरान और अन्य धार्मिक ग्रंथों में केश न काटने की हिदायत की गई है। ये सभी उदाहरण यहां देने संभव नहीं क्योंकि पुस्तक का आकार बहुत बढ़ सकता है। श्री गुरू ग्रंथ साहिब में इसकी बहुत श्लाघा की गई है। बाकी धर्मों के प्रवर्तक भी अधिकतर केशधारी ही हुए है। किसी के द्वारा

केश ना रखने संबंधी कोई बात नही की गई। भले उनका अपना धर्म कोई भी रहा हो। ईसाईयत में भी सैमसन की शक्ति और केशों का आपसी संबंध विश्व प्रसिद्ध है। ईसा जी, मुहम्मद साहिब, कृष्ण जी, रामचंद्र जी और भी ऋषि–मुनि, अवतार व देवते केशघारी ही हुए है।

कुछ खोजों द्वारा यह सामने आया है कि केशधारी व्यक्ति को कई बीमारियां कम प्रभावित करती है भाव कि केशधारी को जुकाम, नज़ला और दांत का दर्द कम होता है। इसी प्रकार यह भी पढ़ने–सुनने में आया है

कि मध्य प्रदेश के भोपाल में 2–3 दिसंबर 1984 को जो गैस लीक होने की घटना घटी थी, उस हादसे में लगभग 3787 से लेकर 16,000 तक लोग मर गए थे और पांच लाख से अधिक लोगों को गैस के कारण कई प्रकार के रोगों ने घेर लिया था। इससे कई लोगों को अत्यन्त दुख और तकलीफ से गुज़रना पड़ा। भोपाल में रहने वाले सिखों पर इस गैस का प्रभाव कम पड़ा। ऐसा वहां के एक गुरूद्वारे के प्रधान का कहना था कि सिखों और केशधारियों पर गैस का असर कम पड़ा। उनका जान–माल का कम नुकसान हुआ और बाद में घेर लेने वाले रोगों ने भी कम पीड़ित किया। इस गैस लीक के हादसे को सारे संसार की उद्योगों में घटने वाली सबसे अधिक तबाहकुन और विनाशकारी घटना बताया गया है।

हमारे केश गर्मियों में हमें सिर और शरीर को ठंडा रखने में सहायता देते है और सर्दी में गर्मी और गर्माइश देते है। सतिगुरू जी ने ऐसे महत्ता वाले केश हमें धारण करने का आदेश दिया है। यहां यह भी कहना ठीक होगा कि केशों के सारे गुण और विशेषताओं को अच्छे ढंग से समझने में हम अभी भी असमर्थ है। गुरू साहिब जो अकाल पुरख का सरूप है और उन्होंने हमें जो हुक्म किया, उसे बिना कोई सवाल किए ही स्वीकार कर लेना चाहिए। जिनमें ऐसी दृढ़ता आ जाती है, वह अपने सीस और शरीर की कुर्बानी देना भी स्वीकार कर लेते है परन्तु सिखी के केशों की रक्षा अपने श्वासों से भी बढ़ कर करते है। भाई तारू सिंह जी की शहीदी एकदम हमारे सामने आ जाती है, जब उन्होंने सतिगुरू जी से अरदास की कि मैं अपनी सिखी की रक्षा केशों और श्वासों संग कर पाऊं। केश कुर्बानी करने का जज़्बा बढ़ा देते है और अपने शरीर की कुर्बानी केशधारी नितनेमी व्यक्ति को बहुत मामूली प्रतीत होती है, गुरू जी का आदेश मानने के सामने। सतिगुरू जी ने बख्शिश की, जब नाई ने भाई तारू सिंह जी के केश काटने की कोशिश की तो उसे ऐसा प्रतीत हुआ कि ये केश मानो लोहे के बन गए हो, स्टील के बन गए, जिसे कैंची द्वारा काटा ना जा सका। बहुत कोशिश करने के बाद उकता कर ज़करिया खान ने एक मोची को बुला भेजा। उसने अपनी छैनी, चौरसी से तराश कर माथे के ऊपर छील कर, खुरच कर हथौड़े की मदद से खोपड़ी ही उतार दी। भाई साहिब जी के मुंह से कोई हाय या आह नहीं निकली।

इसी हालत में उन्हें एक खाई में फेंक दिया गया। इसी हालत में भाई साहिब इक्कीस दिनों तक जीवित रहे।

एक सिख जो भाई साहिब जी को चोरी–छिपे दूध पिलाता रहा, उसने कहा, भाई साहिब, मुझ से आपकी यह हालत देखी नहीं जाती। आप अपने प्राण इस शरीर से निकाल लें। तो भाई साहिब ने कहा, मैंने कहा था कि मैं ज़करीआ खान को अपनी जूती की नोक पर रखना चाहता हूं। अभी उसके जीवन के 21 दिन बाकी है। ज़करीआ खान का पेशाब रुक गया। उसे अत्यन्त दर्द होने लगा। तब उसेके निकटवर्तियों ने कहा, आपने सिखों पर बहुत जुल्म किए है, इसी कारण इतना कष्ट भोगना पड़ रहा है। उसने याचनापूर्वक सिखों से माफी मांगने की विनती की। जब सिखों ने कहा कि भाई तारू सिंह जी ने कहा था कि जुती की नोक के आगे लिजाना है तो उसे कहा गया, यदि भाई साहिब की जूती सिर पर मारी जाए तो शायद कुछ राहत मिल सकती है। बेबस ज़करीआ खान को यह कबूल करना पड़ा। जैसे–जैसे उसके सिर पर जूती मारी जाती, उसे कुछ राहत महसूस होती और पेशाब निकलने लगता। वह कहने लगा, मुझे इसी प्रकार जूते मारते रहो। लगातार जूतियां पड़ने से उसका सिर हिल गया और इकीसकवें दिन उसकी मृत्यु हो गई।

पीर बुधू शाह (बदरुउुदीन) जी का श्री गुरू गोबिंद सिंह जी से बहुत प्यार था। और पीर जी की सिफारिश पर ही श्री गुरू गोबिंद सिंह जी ने 500 पठानों को अपनी फौज में भर्ती किया था। जिन्हें बादशाह औरंगज़ेब ने शीया मुस्लिम होने के कारण नौकरी से निकाल दिया था। वे भूखे और दयनीय हालत में घूम रहे थे। उन्होंने पीर जी से विनती की और पीर जी ने गुरू जी के आगे इस बात की गुज़ारिश की। वह यह जानते थे कि सिर्फ सिपाही ही है और औरंगज़ेब के डर के कारण और कोई इन्हें नौकरी नही देगा। सतिगुरू जी ने उन्हें रख लिया। वे तनख्वाह लेने लगे। जब पहाड़ी राजाओं ने हमला किया तब ये धोखा देकर खिसकने लगे। गुरू जी ने इन से स्पष्ट कह दिया कि जो जाना चाहे, वह खुशी से जा सकता है। एक पठान काले खान के अलावा अन्य सभी चले गए। जब पीर बुधू शाह को इस बात का पता लगा तो उसे अत्यन्त शर्मिन्दगी महसूस हुई। वह अपने 700 मुरीदों और चार पुत्रों और

दो भाईयों को साथ लेकर गुरू साहिब के सामने हाज़िर हो गया। भले ये सभी सिपाही नहीं थे परन्तु ये सभी जी जान से पहाड़ी राजाओं से लड़े। उनके बहुत सारे मुरीद, दो पुत्र और एक भाई भंगाणी के युद्ध में (1688) शहीद हो गए।

जब पीर बुधू शाह जी गुरू जी से मिलने आए तो गुरू साहिब जी केशों में कंघा कर रहे थे। सतिगुरू जी ने कृपा करते हुए कहा, आप जो चाहे, प्रभु के दर से ले सकते है। परन्तु पीर जी ने नम्रतापूर्वक कहा, आप कंघे में लगे केश सहित दस्तार मुझे सौंप दे। सतिगुरू जी ने कृपा करके एक किरपान भी बख्श दी। यहां यह बात ध्यान देने वाली है कि सतिगुरू जी अपने केश लकड़ी वाले कंघे से संवार रहे थे। उनकी सफाई कर रहे थे। हालांकि यह बात खालसा की साजना से बहुत वर्ष पहले की है। साहिब जो उपदेश सिखों को देते है, पहले उस पर खुद अमल करते है। महाराजा नाभा भरपूर सिंह (1840–1863) ने पीर के परिवार को एक बड़ी जागीर देकर तबादला करके इन वस्तुओं को प्राप्त किया। यह सब वस्तुएं नाभा परिवार के महल में अभी भी संभाल कर रखी है। सिधौरे के इस पीर बुधू शाह जी को सरहंद के फौजदार के हुक्म से उस्मान खान ने बहुत कष्ट देकर मारा। बाबा बंदा सिंह जी ने सरहंद के अफसरों और सिधौरा के उस्मान खान को सबक सिखाया। यहां यह लिखना भी बनता है कि बंदा सिंह बहादर के साथ 700 सिंहों ने शहीदी प्राप्त की और एक ने भी पीछे कदम नहीं हटाया। अत्यन्त कष्ट सहन किए परन्तु अपनी सिखी की रक्षा केशों और श्वासों संग निभाई। पीर बुधू शाह का पैतृक घर सिधौरा में है, जहां अब गुरूद्वारा पीर बुधू शाह जी के नाम से स्थित है। यहां यह भी बता दूं कि पीर बुधू शाह जी ने कंघे पर लगे गुरू साहिब के केशों को अमूल्य समझ कर ही उनसे यह दात प्राप्त करने की विनती की थी।

एक विद्धान महापुरुष ने उपदेश करते हुए कहा कि केशों का सत्कार गुरू साहिब जी अनुसार ही करना चाहिए। उन्होंने बताया कि यह संदेश पीढ़ी दर पीढ़ी चला आ रहा है और किसी पुरातन ग्रंथ में भी इसका उल्लेख मिलता है। साथ ही यह कहा कि कंघा करने के बाद निकले केशों का सत्कार सहित संसकार करना चाहिए या जल प्रवाह करना

चाहिए। रहतनामों में इस प्रकार का कोई ज़िक्र मेरे सामने नहीं आया। यह भी हो सकता है कि लापरवाही में मैं ही कहीं ऐसा पढ़ नहीं पाया हूं। यदि ऐसी कोई जानकारी आप को मिले तो मुझे भी सूचित करना, मैं आभारी रहूंगा।

रहतनामे में कई आदेश मिलते है, जैसे नंगे सिर भोजन नहीं करना चाहिए। आम तौर पर नंगे सिर नहीं घूमना चाहिए, नंगे सिर गृहस्थ नहीं करना चाहिए। जब धोकर केशों को धूप या हवा लगवाई जाए तो इसे केशों को 'हरा करना' कहना चाहिए। एक रहतनामा में ऐसा भी लिखा मिलता है कि केश सुखाने कहने वाला तनखाहीया हो जाता है क्योंकि यह सूखने का अर्थ भी बन जाता है। जैसे सूरज पानी को सुखा देता है भाव खत्म कर के, उडा देता है। वैसे ही केशों को सूरज की धूप अधिक समय तक नहीं लगने देना चाहिए क्योंकि सूरत की अधिक धूप से केशों को अधिक नुकसान पहुंच सकता है।

प्राचीन समय में देखे तो पुरातन ग्रंथों से भी यह बात उभर कर सामने आती है कि पुरातन समय में सभी ही केश धारण करते थे। केशों को काटना मौत से भी बुरा माना जाता था। वर्तमान समय में भी नवरात्रों और श्राद्ध के समय केशों को कटवाया नहीं जाता। इस्लाम को मानने वाले भी हज के समय या रमज़ान के समय हजामत नहीं करवाते। ऐसे समय में इस कार्य को शुभ नहीं माना जाता। यदि अच्छा काम नहीं तो मतलब कि बुरा या गलत , पाप काम है। किसी वृद्ध की मृत्यु पर केश कटवा कर, अफसोस प्रकट किया जाता है। भले वह केश कटवा देते है परन्तु केश फिर से उगने लगते है। इन्हें उगने से कोई रोक नहीं सकता, यह एक प्राकृतिक नियम है। सभी इस बात को स्वीकार करते है कि केशधारी हो कर पूजा–पाठ करने से उसका महत्त्व बढ़ जाता है। इतिहास में लिखा मिलता है कि पांडवों का राज्यकाल जब खत्म हुआ तो उसके एक हज़ार साल बाद नंद नामक राजा के वंश ने डेढ़ हज़ार वर्ष तक राज्य किया। यह नंद शूद्र राजा था। नंदों ने भी परशुराम की तरह अपनी राजसी शक्ति से बहुत सारे ब्राह्मणों के सिर मुंह से केश कटवा दिए थे। एक अन्य राजा मकर द्वारा भी ऐसा ही कर्म किए जाने का उल्लेख मिलता है। यह सब इसी सोच अनुसार किया गया ताकि

वेद–मंत्र पढ़ने वालों के सिर का मुंडन कर देने से उनका आत्मिक बल नष्ट हो जाएगा परन्तु चालाक ब्राह्मणों ने सिर मुंडवाने को ही 'मुंडन संस्कार' का नाम दे दिया और अपनी शैक्षणिक चतुराई से असंख्य लोगों को अधर्म के गलत रास्ते की ओर भेज दिया। अधिकतर व्यक्ति ग्रंथों का सही ढंग से अध्ययन भी नहीं करते और उस पर विचार भी नहीं करते। इसीलिए उनकी यह चाल कामयाब हो गई। कुछ धर्मों में संन्यास लेने पर भिक्षुओं, भिक्षणु साध, साधणिओं के बाल व दाढ़ी काट दी जाती है। संन्यास धारण करके जंगलों में जाने को सतिगुरू जी ने मान्यता नहीं दी। दसम पातशाह जी फरमाते है :

रे मन ऐसो कर संनिआसा।।
बन से सदन सभै करि समझहु मन ही माहि उदासा।।

(दसम ग्रंथ)

श्री गुरू नानक देव साहिब जी के समय भी अनेक ब्राह्मण बाह्य तौर पर इस्लामी आदेशानुसार कुरान इत्यादि पढ़ने का दिखावा करते थे और उनकी बोली बोलते थे परन्तु घर के भीतर वह हिन्दू तरीके से पूजा वगैरह करते थे। गुरू साहिब जी ने इस दोगली नीति रीति का "आसा की वार" में निरूपण किया है। फरमान है :

गऊ बिराहमण कउु करु लावहु गोबरि तरणु न जाई।।
धोती टिका तै जपमाली धानु मलेछां खाई।।
अंतरि पूजा पड़हि कतेबा संजमु तुरका भाई।।
छोडीले पाखंडा।। नामि लयियै जाहि तरंदा।।

(अंग 471)

गुरू साहिब जी का किसी से विरोध नहीं है, परन्तु पाखंड का डट कर विरोध करते रहे और नाम का जाप करने का उपदेश देते रहे। इन पंडितों द्वारा गुरू साहिब जी के उपदेशों का विरोध करने का एक कारण यह भी हो सकता है कि गुरू जी ने उनका पाखंड जग ज़ाहिर कर दिया और उसे प्रतिदिन आसा की वार में दुहराया जाता है। मुसलमान शासकों ने भी ये आदेश जारी कर दिए कि कोई भी हिन्दू दाढ़ी नहीं रख सकता, घोड़े पर चढ़ नहीं सकता और सिर पर दस्तार या पगड़ी नहीं बांध सकता।

दस्तार व पगड़ी तो पहले पातशाह श्री गुरू नानक देव साहिब जी से ही लागू हो गई थी और अन्य सभी सतिगुरूओं ने स्वयं दस्तार सजाई और सिखों ने भी उनका अनुकरण किया। बहुत सारे पुरातन चित्र निहंग सिंहों के मिलते है, जहां उन्होंने 'दुमाले' सजाए हुए है। माता भागो (भाग कौर) का भी एक चित्र दस्तार में मिलता है। जिससे ज़ाहिर होता है कि पुरातन समय में स्त्रियों द्वारा भी सिर पर दस्तार बांधी जाती रही, क्योंकि सतिगुरू जी ने स्त्री–पुरुष में कहीं कोई भेदभाव नहीं रखा। सिखों में पुत्रों व बेटियों में कोई भेदभाव नहीं किया जाता, वे संपत्ति में भी बराबर की हकदार मानी गई है। अभी भी अनंदपुर साहिब में विशेष तौर पर "होला महल्ला" दौरान बहुत बड़े दुमाले सजाए सिंहों के दर्शन किए जा सकते है।

कुछ सिख संस्थाएं केसकी को भी ककार के तौर पर वर्णित करती है। केशों का जितना भी अदब–सत्कार किया जाए, उतना ही बढ़िया है। दुमाले, दस्तार, केसकी और दुपट्टा आदि का प्रयोग केशों को ढंक कर रखने के लिए किया जाता है। दस्तार सरदारी की निशानी है, कोई कितना भी अमीर सिख क्यों न हो, यदि उसने केश व पगड़ी ना बांधी हो तो कोई भी उसे सरदार नहीं कहता। भक्त नामदेव जी भी प्रभु जी की पहचान कर उच्चारण करते है :

खूबु तेरी पगरी मीठे तेरे बोल।।
द्वारिका नगरी काहे के मगोल।।

(अंग 727)

सतिगुरू जी ने हमें जीवन भर के लिए सरदार बनाया है। पुरातन हिन्दू पुरोहित भी बहुत बड़ी पगड़ी सिर पर बांध कर रखते थे। इसी प्रकार मुसलमान बादशाह भी पगड़ी बांधते रहे। पीछे ज़िक्र किया जा चुका है कि जहां ढाडी नथा अबदुला, श्री गुरू हरिगोबिंद साहिब जी और जहांगीर की पगड़ी का मुकाबला करता है। पुरातन कवि नरोतम जी की रचना से भी सिद्ध होता है कि श्री कृष्ण जी भी पगड़ी पहनते थे। एक बार ज्ञानी संत सिंह जी मसकीन जी ने नरोतम जी की कविता अनुसार, सुदामा जी और श्री कृष्ण जी की कथा सुनाई थी, जिससे यह सिद्ध होता है। पुरातन इंग्लैंड में भी 80–90 वर्ष पहले फुटबाल के मैच

की तस्वीरों में पता लगता है कि देखने वालों ने हैट या कैप पहन रखी है, जिससे उनके सिर ढंके हुए है।

विद्धान महापुरुषों का कहना है कि यदि सिख पंजाबी के ੳ और जूड़े केशों से जुड़े रहेंगे तो सतिगुरू जी उन पर बख्शिश करते रहेंगे। दस्तार केशों की संभाल के लिए अभिन्न अंग की तरह है। बच्चों को छोटी उम्र से ही उत्साहित किया जाना चाहिए कि वह दस्तार बांधे और प्रतिदिन दस्तार और पगड़ी बांधने की आदत बनाए। अब बहुत सारे स्थानों पर बढिया दस्तार मुकाबले और दस्तार बांधने के प्रशिक्षण दिए जा रहे है, जो अत्यन्त सराहनीय है।

सिखों में पगड़ी के रंगों का कोई वहम नहीं है। सफेद, काला, नीला और केसरी रंग अधिक प्रचलित है परन्तु जब किसी खास मकसद के लिए जैसे अमृत संचार या नगर कीर्त्तन के लिए सिंह तैयार होते है तो वर्दी और दस्तार एक ही रंग की सजाई जाती है। दस्तार एक–एक लड़ करके बांधी जाती है ना कि मांडी लगा कर टोपी कर तरह पहनी जाती है क्योंकि सिख धर्म में टोपी पहनने की मनाही की गई है। रहतनामों में भी ऐसे ही आदेश मिलते है :

कंघा दोनउु वकत कर पागि चुनहि कर बांधई।

(तनखाहनामा भा.नंद लाल जी)

दस्तार उतार कर नंगे सिर भोजन छकने की भी मनाही है:

पगड़ी लाहि कर सिख प्रसादि खाएं सो तनखाहीआ।

(तनखाहनामा चौपा सिंह छिबर)

दस्तार और पगड़ी के कपड़े के साईज़ या आकार, आम तौर पर व्यक्तिगत और निजी पसंद है। आम तौर पर 5–6 मीटर के कपड़े का प्रयोग किया जाता है परन्तु कई निहंग सिंह तो 50 मीटर तक की पगड़ी सिर पर बांध लेते है। मुसलमानों के नबी मुहम्मद साहिब स्वयं पगड़ी बांधा करते थे और 19 सदी तक मुसलमान बकायदा पगड़ी का इस्तेमाल करते थे। अभी भी इस्लाम धर्म के प्रमुख हरी पगड़ी बांधते है। अरबी में पगड़ी को इमामा कहा जाता है।

सिख धर्म को मानने वाले कई मोने व्यक्ति भी पगड़ी बांध कर गुरूद्वारे जाते है। पगड़ी को इज्ज़त का प्रतीक माना जाता है। किसी की

पगड़ी पर हाथ डालना बहुत बड़ा गुनाह माना जाता है, रहतनामों में ऐसा उल्लेख मिलता है। इंग्लैंड सहित कई देशों में पगड़ी को बहाल करने के कई मोर्चे लगाए गए और गुरू साहिब जी की कृपा द्वारा कामयाब हुए है। परिवार में मुखिया की मौत हो जाए तो बड़े पुत्र को दस्तारबंदी की जाती है, जिस का अर्थ है, उत्तरदायित्व संभालना।

नाम जपने से जो शक्ति दिमाग में एकत्रित होती है, दस्तार उसकी रक्षा करती है कि कहीं वह व्यर्थ न हो जाए। पुरातन ऋषि भी केसों की जटाएं बना कर, सिर पर जूड़ा बना कर रखते थे ताकि सिमरन और तपस्या की शक्ति सिर में ही संग्रहित रहे। जिस किसी को भी धर्म की सूझ हो जाती है, वह साबत–सबूत हो जाता है।

भक्त कबीर जी केश काटने वालों को व्यंग से कहते है :

मूड मुंडाऐ जौ सिधि पाई।।
मुकती भेड न गईआ काई।।

(अंग 324)

परन्तु वर्तमान समय में फिल्मी अभिनेताओं और अभिनेत्रियों की तरह बनने के लिए, उनको कापी करते हुए, फैशन परस्त, टैलीविज़न, लचर गीत हमारी समूची युवा पीढ़ी को गलत रास्ते पर ले जा रहे है। लड़कों की तरह लड़कियां भी कम नहीं है, केशों के साथ–साथ बरौनियों के भी डिज़ाईन बनवाती है। पिछले कुछ वर्षों में बेशुमार ब्यूटी पार्लर खुल गए हैं। अधिकतर औरतें आजकल नंगे सिर ही घूमना–फिरना पसंद करती है और कुछेक दुपट्टे को केवल गले में डाल लेती हैं। सिर्फ़ कुछ बीबीयां अर्थात् सिख स्त्रियां गुरमति अनुसार सादा लिबास और जीवन व्यतीत करती है। आम तौर पर शर्म–हया छोड़ कर, गलत खाने और अन्य कुरीतियां अपनाई जा रही है। कई सिख इसी प्रकार अरदास करते है, मीर मन्नु की ज़ेल में भी सिख बीबीयां ने बच्चों के टुकड़े–टुकड़े करवा कर गले में डलवाए परन्तु सिखी सिदक नहीं हारा, तिन्नां दी कमाई दा ध्यान रखते हुए बोलो जी वाहेगुरू, श्री गुरू नानक साहिब जी का फरमान है :

रंना होईआ बोधीआ पुरस होऐ सईआद।।
सीलु संजमु सुच भंनी खाणा खाजु अहाजु।।

सरमु गयिआ घरि आपणै पति उठि चली नालि।।
नानक सचा ऐकु है अउरु न सचा भालि।।

(अंग 1243)

सिखों में कई व्यक्ति जो पूरी रहत नहीं रखते भाव जिन्होंने अमृतपान नहीं किया, वह स्वयं को सहिजधारी कहते है या लोग उन्हें ऐसा कहते है परन्तु यदि वह सहजता से सिखी को धारण कर रहे है, फिर तो ठीक है, यदि नहीं तो उनके प्रति सवाल पैदा होता है कि कहीं वह सिख होने का भ्रम तो नहीं पाल रहे? सिर्फ़ सिख परिवार में जन्म लेने से कोई सिख नहीं बन जाता या हो जाता। मर्यादा अनुसार अमृत छक कर, धर्म संस्कार पूरा करके ही गुरू के लड़ लगा जा सकता है। सारे धर्मों में दीक्षित होने के अपने उसूल होते है और सिखों में यह प्रसिद्ध है :

प्रिथम रहत यह जान खंडे की पाहुल छके।।

अमृत संचार के समय गुरू जी द्वारा दी गई पवित्र शिक्षा को ग्रहण किए बिना कोई व्यक्ति भी सिख नहीं बन सकता। हमें इन सहजधारियों को प्रेम सहित समझाना और गुरू साहिब जी और इतिहास की साखियां सुना कर, सिखों की चढ़ती कलां, युद्धों में अपने कारनामे दिखा कर जोड़ना बनता है परन्तु साथ ही इन से भी विनती है कि गुरू जी के बताए रहत पर ही चलना चाहिए वरना कई तो यह कहने लगते है कि "हमारे भीतर सिखी है।" गुरू साहिब जी ताड़ना भरे बचन उच्चारित करते है :

रहत अवर कछु अवर कमावत।।
मनि नही प्रीति मुखहु गंढ लावत।।

(अंग 269)

सो पड़िआ सो पंडितु बीना जिनी् कमाणां नाउु।।
पहिलो दे जड़ अंदरि जंमै ता उुपरि होवै छांउु।।

(अंग 1288)

रहतनामों में ऐसा लिखा मिलता है कि जो सिख केशधारी है, परन्तु पाहुल अमृत नहीं छकता, वह मूढ़ और पाखंडी सिख है। ऐसा गुरू साहिब जी कहते है कि मैं उसे देखना नहीं चाहता :

धरे केस पाहुल बिना भेखी मूड़ा सिख।
मुहि दरषनि नाहि तिस पापी तिआगहि भिख।

वास्तव में राजसी लीडरों ने अपने स्वार्थों के कारण धर्म को अत्यन्त नुकसान पहुंचाया है और पहुंचा रहे है। सिख संस्थाओं में ऐसे राजसी व्यक्तियों का विशेष तौर पर नियंत्रण है और सिख धर्म केवल गुरू साहिब जी की बख्शिश से ही चल रहा है। यदि कोई योग्य सिख लीडर हो, वह आदर्श तरीके से अपना कर्त्तव्य निभाए तो सिख कौम चढ़दी कला में जा सकती है।

देखा जाए तो केस–दाढ़ी दस्तार भाव रहत कारण ही हमें दुनिया सरदार जी कह कर बुलाती है। केशों के बिना दस्तार के बिना भले कोई कितना भी धनाढ़य हो तो लोग सरदार जी नहीं कहते। हिन्दू पुरुष केवल विवाह के दिन ही पगड़ी और तलवार रखते है और एक दिन के लिए सरदार बनते है। हमें गुरू साहिब जी सदा के लिए दूल्हा, सरदार बनाया है। पुरातन समय सिर से पगड़ी उतारना मौत का सूचक होता था।

श्री गुरू गोबिंद सिंह जी ने इतनी बख्शिश खालसा पर, सिखों पर की है, उन्हें दर्ज़ करना मुश्किल है परन्तु उन्होंने स्वयं अमृत के स्रोत होने के बावजूद पांच प्यारों से मांगा कि मुझे भी अमृत की दात बख्शें। सतिगुरू जी की नम्रता और दूरदृष्टि कि आगे से सिखों ने चतुर बन कर कह सकते है कि कल्गीधर जी ने अमृत कहां छका था। भाई डल्ले को बहुत सेवा करने के उपरांत भी आगे सचखंड में पीहडी जितना स्थान देने से भी इन्कार कर दिया जब तक कि वह अमृत छक कर तैयार–बर–तैयार ना हो गया।

सतिगुरू जी ने खालसा के पांच प्रतिनिधयों द्वारा विनती और आदेश देने पर चमकौर की गढ़ी छोड़ दी परन्तु ताली बजा कर ऊंची आवाज़ में उच्चारित कर कहा, ''हिन्द का पीर, सिखों का गुरू जा रहा है।'' साथ ही जाने से पहले जोड़ा उतार दिया, क्योंकि उस समय अंधेरा था और किसी शहीद हुए सिंह के केसों को जोड़ा छू जाने से बेअदबी ना हो जाए, भले इस कारण कई कांटों और कंकड–पत्थरों की चोट सहन करनी पड़ी। केशों की महानता हमारी अरदास में प्रतिदिन याद करवाई जाती है कि सिखों को सिखी दान और केस दान बख्शिश करना और साथ ही कहा जाता है कि जिन्होंने सिखी को केसों श्वांसों से निभाया, उनका ध्यान धर कर खालसा जी बोलो वाहिगुरू।

जहां सतिगुरू जी ने अमृत संचार का कौतुक रचाया, अनंदपुर साहिब में, उस स्थान का नाम केसगढ़ रखा गया, गढ़ का अर्थ है किला। सो जिस का केसगढ़ केशों का किला ही हाथ से निकल जाए तो उस व्यक्ति को सिख कैसे कहा जा सकता है। इसी प्रकार ही यदि कोई व्यक्ति अमृत छक कर भंग कर दे, तो उसे पतित कहा जाता है। रहतनामा भाई नंद लाल जी उत्तर–प्रश्नों में भी लिखा मिलता है कि :

''जो कोई सिख का बेटा मोना होयि जावै तिस की जड़ सुक्की, और जो मोना सिख होयि जावै तिस की जड़ हरी।''

सिख रहत मर्यादा में ऐसा लिखा मिलता है कि तख्त पर पतित और तनखाहीया सिख के बिना हर एक प्राणी जो सिख और गैर–सिख हो, की अरदास हो सकती है।

अहमद शाह अबदाली के समय जब सिखों के सिरों की कीमत लगती थी, उस समय भी सिखों ने जान बचाने की बजाय सिखी को केशों–श्वांसों से निभा कर हमारे लिए राह बनाई और अकाल पुरख की फौज की चढ़दी कला के सबूत दिए। केस कटा कर जान बचा कर, नैतिक तौर पर पतित होना उन्होंने अस्वीकार कर दिया। अबदाली ने पटियाला खानदान के महाराजा आला सिंह को सिखों की मदद करने के कारण इस्लाम धारण करने और केस कटवाने के लिए कहा। चतुराई और चुस्ती से उन्होंने अबदाली को कोई और रास्ता निकालने के लिए कहा क्योंकि वह जानता था कि अबदाली बहुत लालची है तब अबदाली ने सवा लाख रुपए जुर्माना भरने के लिए कह दिया। उसने सवा लाख रुपया जुर्माना भर दिया, परन्तु केस ना कटवाए। सवा लाख रुपया उस समय बहुत बड़ी रकम थी। इस प्रकार यह भी कहा जा सकता है कि पतित सिख चढ़दी कला वाला नहीं हो सकता।

सिखों को टोपी पहनने की मनाही है, रहतनामों में ऐसे उपदेश मिलते है। जो आजकल स्पोर्ट्स कैप वगैरह नौजवान सिख पहन लेते है, वह भी गलत है। भाई नंद लाल जी के रहतनामा में अंकित है :

सिख होयि सिर टोपी धरै।। सात जनम कुसटी होयि मरै।।

सिखों को पान खाने की भी मनाही है क्योंकि पान के पत्तों में ऐसा कैमीकल होता है, जो केशों की खोड़ों और जड़ों को कमज़ोर करता है।

चौथे सतिगुरू जी भी तिलंग राग में फरमाते है :

पान सुपारी खातीआ मुखि बीड़ीआ लाईआ।।
हरि हरि कदे न चेतिओ जमि पकड़ि चलाईआ।।

(अंग 725)

केशों संबंधी कुछेक अन्य बचन भी मिलते है जो इस प्रकार है : सिख कभी भी राख या चिकनी मिट्टी से केसों का स्नान न करे। केस निमयबद्ध और बकायदा धोने चाहिए और हर प्रकार से केशों की सफाई का ख्याल रखना चाहिए। रहतनामों में दर्ज़ है कि केशों को कैंची या चाकू नही लगाना चाहिए। नियमित रूप से केश धोने से सिकरी वगैरह पैदा नहीं होती। सिख और सिखणी को कभी भी सफेद होते बालों को उखाड़ना नही चाहिए। गुरबाणी में भी फरमान है कि बुढापे को, मौत को टाला नहीं जा सकता :

जे जरवाणा परहरै जरु वेस करेदी आईयै।।
को रहै न भरीयै पाईयै।।

(अंग 465)

केशों को धोने के लिए कई प्रकार के शैपूं वगैरह उपलब्ध है और बहुत तरह के तेल केशों में लगाने के लिए उपलब्ध है। कई व्यक्ति आम साबुन से ही केशों को धो लेते है। कई महात्मा पुरुष अपने केशों को दही से स्नान करते है। अलग अलग प्रकार के कई नुस्खे मिलते है परन्तु आम जानकारी यह है कि अत्याधिक गर्म पानी से केशों को नहीं धोना चाहिए बल्कि हल्का गर्म या ठंडे पानी से ही केशों को धोना चाहिए।

कई व्यक्ति केशों का स्नान करने से दो या तीन घंटे पहले केशों में अच्छे ढंग से तेल लगाते है, फिर दो–तीन घंटों के बाद सिर को धोया जाता है। कई लोग दही और बादाम रोगन को मिला कर अच्छी तरह से सिर की मालिश करते है और फिर कुछ मिन्टों के बाद उसे धो लेते है। ऐसा करने से केश चमकीले दिखाई देते है। कई स्नान करने के बाद जब केश सूख जाते है भाव पानी सूख जाता है तो तेल आदि लगाते है। केशों को प्यार सहित सहलाना चाहिए ना कि सख्ती से, पहले अच्छी तरह केशों को गीला करके फिर ही साबुन या शैंपू आदि लगाना चाहिए। केशों को तौलिए से भी बहुत सख्ती से नही रगड़ना चाहिए। कुछ गुरमति

सिख केशों के लिए अलग तौलिया का प्रयोग करते है। जिस तौलिए से पैर आदि पोंछे जाते है, उसे केशों के लिए प्रयोग में नहीं लाते।

बहुत तरह के तेल केशों के लिए अच्छे माने जाते है या उनके बारे में ऐसे दावे किए जाते है कि यह तेल लगाने से केशों को शक्ति का एक पौष्टिक आहार मिलता है और केश कम झड़ते है या यह तेल लगाने से सिर पर सिकरी या रूसी पैदा नही होगी। कई तेल ऐसे भी हो सकते है, जो कि किसी व्यक्ति के लिए प्रयोग करने के लिए उचित न हो। यदि कोई शक हो तो अपने डॉक्टर से अवश्य सलाह लेनी चाहिए। यहां कुछ तेलों के नाम दिए जा रहे है जो कि आम तौर पर केशों पर लगाने के लिए प्रसिद्ध है परन्तु किसी की भी सिफारिश नहीं की जा रही। इसी प्रकार कई प्रकार की क्रीम और शैंपू है, परन्तु उनका उल्लेख नहीं किया जा रहा।

Coconut Oil, Sweet Almond Oil, Argan Oil, Jojoba Oil, Olive Oil, Lavender Oil, Mustard Oil, Lemongrass Oil, Grapeseed Oil, Avocado Oil

इनके अलावा भी असंख्य तेल उपलब्ध है, जिनके बारे में इंटरनैट पर जाकर सर्च करके देखा जा सकता है। अपने डॉक्टर या चिकित्सक की सलाह अवश्य लेनी चाहिए। परन्तु केशों की संभाल के लिए उन्हें धो कर साफ रखना आवश्यक है, जो कि अत्यन्त गुणकारी भी है। सतिगुरू जी का फरमान है :

नायि निवाजा नातै पूजा नावनि सदा सुजाणी।।
मुयिआ जीवदिआ गति होवै जां सिरि पाईयै पाणी।।

(अंग 150)

सिखों को जटाए बनाने और बढ़ाने की मनाही है। दसवें पातशाह जी अपनी बाणी में फरमाते है :

जटां ना सीस धारि हौं।।
न मुंद्रका सु धारि हौं।।

इसी प्रकार जोगियों की भांति कानों में मुंदरां डालने की भी मनाही है। कई मूर्ख लोग यह सवाल खड़े करते है कि यदि शरीर से कुछ भी काटा जाना मना है तो नाखून क्यों काटे जाते हैं? वास्तव में, हम नाखून

का अगला हिस्सा ही काटते है, जो मुर्दा यानी सफेद हो जाता है, जो मांस से जुड़ा होता है, उसे काटने पर अवश्य तकलीफ होगी। नाखून का जो सिरा आगे बढ़ जाता है, वह मुर्दा हो जाता है, सफेद हो जाता है। मुर्दा होने पर उसे काटना ही पड़ेगा वरना उसमें मैल भरने लगती है। इस नाखून को काटना अर्थात् मैल को काटना है और प्रकृति ने उसे मुर्दा किया है। अधिक काटने पर खून भी बहने लगता है। दत्ता तरेय नामक व्यक्ति नाखून नहीं काटता था, उसके चेले भी अपने गुरू की बात मान कर नाखून नही काटते थे। परन्तु लोग इस बात को स्वीकार करते है कि नाखून का केवल वही हिस्सा काटा जाता है, जो मुर्दा हो जाता है। जिस प्रकार मुर्दे को घर में नही रखा जाता और उसे मरघट में ले जा कर जला दिया जाता है क्योंकि घर में रखने बदबू फैलेगी।

इसी प्रकार केश भी मुर्दा हो जाते है। जब भी हम सिर में कंघा करते है तो मुर्दा केश कंघे में बाहर निकल आते है, झड़ जाते है। जिस प्रकार नाखून प्रतिदिन बढ़ते है, उसी प्रकार नए केस भी प्रतिदिन उपजते है। इस प्रकार केशों का जन्म–मरण भी जीवन भर चलता रहता है। कुछ सयाने लोग तो यह भी कहते है कि मुर्दे के भी केश और नाखून भी बढ़ते है शायद इस कारण कि क्योंकि मुर्दा हुए शरीर को भी पूर्ण तौर पर शांत होने के लिए समय लग जाता है । कई लोग जो केश और दाढ़ी को काटते है, कुछ समय के बाद ही फिर से उनके केश और दाढ़ी बढ़ने लगती है। जीवन भर ऐसा ही चलता रहता है। परन्तु यह प्रकृति के साथ युद्ध लड़ने समान है, जो जीवन के अंत तक चलता रहता है। परन्तु यदि केशों को काटना छोड़ दिया जाए तो वह एक ही सीमा तक बढ़ते है, फिर स्थिर हो जाते है। परन्तु यदि कोई इस बात को स्वीकार नही करता तो इस युद्ध में हार सहन करती पड़ती है।

यहां यह भी स्पष्ट करने की आवश्यकता है कि ऐसी खोज हुई है, जिनसे पता लगता है कि शरीर पर ऑपरेशन होने के बाद केशों द्वारा आराम आने और स्वस्थ होने में बहुत सहायता मिलती है। एक बार संत जरनैल सिंह केशों के बारे में बात करते हुए कहने लगे, जब भेड की ऊन उतारी जाती है, तब उन्हें बहुत मुश्किल से काबू किया जाता है। वह म्यांकने लगती है। जब मनुष्य स्वयं नाई के आगे बैठ जाते है और

उससे अपने सिर के बाल उतारवाने लगते है। नाई को इस काम के लिए मुआवज़ा भी दिया जाता है। कितनी हास्य भरी और शर्मनाक बात है कि जो सिर दुश्मन के आगे नहीं झुकता, वह नाई के आगे झुक जाता है।

जिस प्रकार आत्म रस नाम बाणी का अभ्यास कम हो गया है, उसी प्रकार केशों की कद्र भी कम हो गई है। स्कूलों में भी सिखों का गौरवमय इतिहास नहीं पढ़ाया जाता बल्कि आशिक मिज़ाजी की पढ़ाई करवाई जाती है। नाटकों और फिल्मों में भी सिख रहत का मज़ाक बनाया जाता है परन्तु असली निशाने को ना समझ कर हम दृश्य पर हंसने लगते है। पंजाबी युवाओं को नशे व फैशन की ओर उकसाया जा रहा है। डेरों के द्वारा भी सिखी आदर्शों को तोड़ा जा रहा है। हमारी संस्थाएं शरारती तत्वों की इन चालों को समझ नहीं रही और कुछ तो अनजाने ही इनके काम में सहायता भी कर रही है।

यदि सवाल किया जाए कि जिस समय राम लीला आदि नाटक खेले जाते है तब श्री राम चन्द्र जी, विश्वामित्र और विशिष्ट आदि पात्रों को बाजार से खरीद कर नकली जूड़े और दाढ़ियां पहनाए जाते है। यदि उस समय केशों की आवश्यकता थी तो आज भी है, वरना रामचन्द्र जी को बिना जूड़े के पेश करना चाहिए। हम गर्व कर सकते है कि हमारे केश और दाढ़ी असली है, जैसाकि इन अवतारी पुरुषों द्वारा धारण किया गया था या इस प्रकार भी कह सकते है कि दसवें सतिगुरू जी ने हमें अवतारों का स्वरूप बख्शिश किया गया है। यही नहीं, सतिगुरू जी ने अमृत के पांच घूंट केशों में भी डाले है। सतिगुरू जी ने सिखों को यह पवित्र रूप प्रदान किया और यहां तक कह दिया :

खालसा मेरो रूप है खास।।
खालसे मे हउु करउु निवास।।

सतिगुरू जी को यह भी कहना भी पड़ा कि कहीं यह ना समझे कि बात को बढ़ा–चढ़ा कर या झूठ कहा गया है, अकाल पुरख प्रभु जी और गुरू नानक साहिब जी इसके साक्षी है :

जा महि रंच न मिथिआ भाखी।।
पारब्रहम गुर नानक साखी।।

केश हमारे सिर पर है, सारे शरीर पर है भाव प्रभु जी की तरह सबसे

विशिष्ट है। हमारा दसवां द्वार भी केशों में ही प्रभु जी ने स्थापित किया है और श्री गुरू ग्रंथ साहिब जी में फरमान है, जो बंदगी और प्रभु जी की कृपा से ही खुलता है, वहीं अमृत के चश्मे और बेअंत प्रभु जी और उनके द्वारा की गई बख्शिश बसती है। देखे मेरी पुस्तक (दसम दुआरा अगम अपारा) जैसे सतिगुरू जी ने तंबाकू की सख्त मनाही और सेवन को बुरी आदत कहा है। अब साइंस इसके द्वारा होने वाले रोगों से भी परिचित करवा रही है और जनता के सामने ला रही है। इसी प्रकार यदि सतिगुरू जी केश धारण और ना कटवाने की प्रेरणा करते है तो इस खास बात या आदेश को समझने की आवश्यकता है। शरीर का अंग होने के कारण शरीर को संतुलन में रखने की सहायता करते है और भटकने नहीं देते। धीरे–धीरे साइंस भी इसके महान् फायदों गुणों के लाभों से परिचित होगी। यदि कोई शरीर का अन्य अंग कट भी जाए तो फिर दुबारा बढ़ता या उगता नहीं जैसे केश। सो केश अति आवश्यक है और इसलिए प्रभु जी की ओर से फिर दुबारा उगाए जाते है।

इस प्रकार सारे विचार से यह सिद्ध होता है कि केश हमारे शरीर का अंग है और कोई भी अपने शरीर के अंग नहीं काटता। यह प्रभु जी का ही रूप है। बहुत सारे शब्दों में 'केसव' शब्द का प्रयोग किया गया है भाव केशधारी, केशों वाला प्रभु। केशों के बिना सति की, प्रभु की प्राप्ति असंभव है। श्री गुरू नानक साहिब जी ऐसा फरमाते है :

ना सति मूंड मुडाई केसी ना सति पड़िआ देस फिरहि।।

(अंग 952)

भक्त कबीर जी फरमाते है, परन्तु यह पंक्तियां श्री गुरू ग्रंथ साहिब जी में नहीं है

मूंड मुंडायि हरि मिले सभ कोई ले मुंडायि।
बार बार के मूंडने भेड न बैकुंठ जायि।।
भाई नंद लाल जी रहतनामे में लिखते है :
मेट रज़ायि जु सीस मुंडावै।।
कहु ते जग कैसे हरि पावै।। 91।।
पांखहु बिन बिहंग जिम होही।।
ऊरब बिना भेड जिम कोई।। 92।।

बसन बिनां नारी है जैसे।।
केसन बिना होयि नर तैसे ।। 93।।
केसन नर धारे है जबही।।
पूरन रूप होयि है तबही।। 94।।
केस ऐेक पुन रहत जु पाई।।
तो की महिमा कही न जाई।। 95।।
बेद रहत जिम दिज न सुहावत।।
सील रहत कुल नारि न भावत।। 96।।
बेग रहत जिम बाज़ी हीन।।
रहत बिना इह केस मलीन।। 97।।
जिउं काहू ले गधा नुवायिओ।।
फूलमाल तिह मुंड धरायिओ।। 98।।
तिह कर तां की सोभा नाही।।
हासी जोग होयि जग माही।। 99।।
तिम कुरहितीऐ केस रखाए।।
कहहु सु कैसे सोभा पाऐ।। 100।।
रहत सु केसन को अति भूखन।।
रहत बिना सिर केस भी दूखन।। 101।।

केश, हमारे शरीर में जो भी सबसे शुद्ध और पवित्र प्रोटीन होता है, उसी से बनते है। केश हमारे मानसिक संतुलन को कायम रखने में बहुत साहायता करते है। केशों को संत महापुरुष विद्धान आकाश मूल तत्व की प्राकृतिक शक्ति का हिस्सा मानते है।

केश ही दुनिया में प्रकट करते है कि यह गुरू का सिख व सिखणी है और अन्य ककार के बारे में कोई भ्रम हो सकता है। परन्तु केश तो विशेष पहचान और मोहर है। रहतनामे में भाई नंद लाल जी वर्णित है कि रहत एक खास आभूषण की तरह है और रहत के बिना सिर को भी दुख महसूस होता है। सिख हो कर केश ना रखे, यह तो उसके लिए बहुत बदकिस्मती की बात है।

कंघा

कंघा सतिगुरू जी द्वारा बख्शिश किए गए अमूल्य वरदानों में से एक है। केशों की संभाल भी अत्यन्त आवश्यक है। जिसके लिए सतिगुरू जी ने लकड़ी के कंघे की बख्शिश की है। जब लकड़ी के कंघे से केशों को संवारने के गुणों का अध्ययन किया जाए तब प्रतीत होता है कि त्रिकालदर्शी सतिगुरू जी ने लकड़ी के कंघे के रूप में हमें कितनी पवित्र और प्रेम भरी निशानी बख्शिश की है । केशों में लकड़ी का कंघा रखने की ही हिदायत की गई है। यह अन्य धातुओं सोना, चांदी, लोहा, प्लास्टिक या मसाले का नहीं हो सकता। अत्याधिक सूझ–बूझ ना होने के कारण लकड़ी के कंघे के सभी गुणों पर हम विचार नहीं कर सकते परन्तु फिर भी कोशिश करेंगे। पहले यह जान लें कि कंघा कैसे बनाया जाता है।

सब से पहले लकड़ी के टुकड़ों को चौरस काटा जाता है। फिर उन चौरस टुकड़ों को टेढ़ा इस हिसाब से काटा जाता है, ताकि लकड़ी कम व्यर्थ हो और वह लकड़ी के कंघे का आरंभिक आकार ले ले। इन सभी टेढ़े या टेपर टुकड़ों पर कंघी नुमा आरी मशीन के साथ दांत बनाए जाते है। एक ही बार में यह बहुत सारे आरे कंघे का आरंभिक ढांचा बना देते है और उसके बाद कंघे को बाह्य रूप या आकार देने का काम शुरू होता है। कंघे का मुंह बनाने के बाद उसके साथ की फालतू लकड़ी को आरी की मदद से काट दिया जाता है ताकि लकड़ी की किचरें हाथ में चुभ न जाए। इस रगड़ के बाद कंघा अपने असल रूप में आ जाता है परन्तु अभी भी इसकी खूबसूरती को और निखारने की आवश्यकता होती है और यह काम करती है पॉलिश। लकड़ी को पॉलिश करके कंघे को उसका खूबसूरत रूप दिया जाता है। अब यह एक गुरसिख के केशों की संभाल करने के काम आता है। प्रत्येक समय उसे अपने गुरू की बख्शिश की हुई निशानी के तौर पर याद रहता है। वर्तमान समय में अधिकतर कार्य मशीनों द्वारा ही किया जाता है जबकि

पहले समय में अनुमान है कि कंधों का बनाने का सारा काम हाथों द्वारा ही किया जाता रहा होगा।

जब कंघा बनाने के लिए लकड़ी पर आरी चलते देखते है तो एकदम भाई मती दास जी की याद सामने आ जाती है कि कैसे उन्होंने सीस पर आरा रखवा कर अपने शरीर के दो लंबे टुकड़े करवाए, परन्तु मुंह से उफ़ नहीं की बल्कि बाणी पढ़ते रहे और अति की सहनशीलता दिखाई और आने वाली गुरसिख नस्लों के लिए अपने धर्म में दृढ़ रहने के लिए मार्गदर्शन दिया। गुरसिख जीवड़ियों भाव योद्धाओं, संत और विद्धानों ने जब अरदास में और भी रचना की, तब इन शब्दों को इसमें जोड़ा गया ताकि आने वाली पीढ़ियां उन शहीदों को हमेशा याद रखें :

"जिन सिंहों सिंहनियों ने धर्म हेत सीस दित्ते, बंद बंद कटाऐ, खोपरीआं लुहाईआं, चरखड़ीआं ते चढ़े, तन आरिआं नाल चिराऐ, गुरुद्वारों दी सेवा लई कुर्बानियां कीतीआं, धरम नहीं हारिआ, सिखी केसां सुआसां नाल निबाही, तिनां दी कमाई दा धिआन धर के, खालसा जी! बोले जी वाहेगुरू!"

श्री गुरू ग्रंथ साहिब में भी ज़िक्र है कि प्रभु के दरवेशों ,फकीरों को तो वृक्षों जैसा धीरज और सब्र आवश्यक है। फरमान है :

फरीदा साहिब दी करि चाकरी दिल दी लाहि भरांदि।।
दरवेसां नो लोड़ीयै रुखां दी जीरांदि।। 60।।

(अंग 1381)

श्री गुरू अर्जन देव साहिब जी भी वृक्षों की अवस्था का वर्णन मारू राग में करते है :

ससत्रि तीखणि काटि डारिओ मनि न कीनो रोसु।।
काजु उआ को ले सवारिओ तिलु न दीनो दोसु।।

(अंग 1017)

इस प्रकार देखें लकड़ी अपने आप को आरी से चीर करवा कर, जब कंघे का आकार ले लेती है, तब उसे गुरसिखों के सिर पर सब से ऊंचे स्थान पर टिकाया जाता है। सतिगुरू जी का संकेत कंघे को केशों में बिराजमान करना है कि हे प्यारे सिख! दसम द्वार यहां है, क्योंकि दसवां द्वारा गुप्त है, फरमान है :

नउु दरवाजे कायिआ कोटु है दसवै गुपतु रहीजै।।
बजर कपाट न खुलनी गुर सबदि खुलीजै।।

(अंग 954)

यहीं पर दसवां द्वार भी है, जिस की कंघा पहचान करवाता है क्योंकि खुले नौ द्वारों के स्थान पर, दसवें द्वार को प्राथमिकता दी गई है, इस कारण वे दसवें द्वार के लिहाज़ से फीके बताए गए है परन्तु दसवें द्वार में अमृत का झरना है। फरमान है :

नउु दरवाज नवे दर फीके रसु अंम्रितु दसवे चुईजै।।

(अंग 1323)

इसी प्रकार समझ ले कि जैसे Crown मुकुट में हीरे जवाहरात जड़े होते है। यह कंघा कोहेनूर की तरह जड़ा हुआ, टिका होता है बल्कि इससे कहीं अधिक क्योंकि दसवें सतिगुरू जी ने हमें यह सौगात सौंपी है। ऐसे ही भाई मती दास जी की कुर्बानी सिख इतिहास में हमेशा हीरे की तरह चमकती रहेगी। केशों में कंघा करने से सिख ताज़ा दम, नवीन और चुस्त महसूस करने लगता है और थकावट दूर हो जाती है और केशों को भी संवार लिया जाता है। अधिक सोचने से सिर व माथा थक जाता है तब भी थकावट दूर करने के लिए यदि प्रेम से केशों में कंघा फिराया जाए, सिमरन किया जाए तो सारी थकावट दूर हो जाती है। व्यक्ति ताजा महसूस करने लगता है, जैसे स्नान करने के बाद महसूस होता है। सिमरन करते हुए केशों को संवारना चाहिए, जैसे प्रेम से मेहनत के साथ खेत में हल फिराते हुए बीज डाले जाते हैं। सोरठि राग में श्री गुरू नानक देव जी फरमाते है कि मन को हलवाहे सा उद्यमी बना कर, उच्च आचरण को खेती समझ कर, मेहनत भाव सिमरन व नितनेम का पानी बना कर अपने शरीर को खेत समझ कर, प्रभु के नाम का बीज डाल कर, ऊपर से संतोख का सुहागा फिरा दिया जाए ताकि पांच चोर और तृष्णा के पक्षी बीज ना चुग ले। सादा और संतोषमय श्रद्धा भरपूर जीवन हो तो प्रभु की कृपा से ऐसे बीज अवश्य फलते–फूलते है। फरमान है :

मनु हाली किरसाणी करणी सरमु पाणी तनु खेतु।।
नामु बीजु संतोखु सुहागा रखु गरीबी वेसु।।

भाउ करम करि जंमसी से घर भागठ देखु।।

(अंग 595)

कंघा करते समय साथ ही साथ मन में भी कंघा फिराया जाए तो यदि कोई मन में गलत विचार हो तो उन्हें भी बाहर निकाल देना चाहिए। भाई गुरदास जी भी कबित्त में फरमाते है कि जिस प्रकार उलझे हुए केशों को कंघे द्वारा सुलझाना, संवारा जाना चाहिए। उसी प्रकार ही अशुभ वृत्तियों का निरीक्षण करते हुए सिख गुरू साहिब द्वारा बख्शिश की गई गुरबाणी को विचार कर मन की मैल को दूर करे और संसार में फंसे मन को वाहिगुरू जी की ओर मोड़ा जाए और केसर भाव नम्रता का तिलक लगाए। फरमान है :

ककही दै मांग उरझाए सुरझाऐ केस
कुंकम चंदन को तिलक दै ललार मै।।

(कबित्त 347)

बहुत सारे रोग और दोष दो समय कंघा करने से मिट जाते है। अमेरिकी सिखों ने कुछ समय पहले एक सर्वेक्षण द्वारा खोज में कहा गया कि सिमरन करते हुए धीरे–धीरे प्रेम से केशों में कंघा फिराने से डिपरेशन दबाव उदासी और निराशा आदि काफी हद तक दूर हो जाते है। कंघा सिमरन करते हुए प्रेम से फिराना है। जल्दबाजी नहीं करनी चाहिए, समय देना और निकालना पड़ता है और साथ ही वाहिगुरू–वाहिगुरू का सिमरन करना चाहिए। केशों में कंघा दो बार फिराने की हिदायत की गई है। भाई नंद लाल जी रहतनामा तनखाहनामा में वर्णित करते है :

कंघा दोनो वखत कर पाग चुनहि कर बांधई।।
दातन नीत करेयि न दुख पावहि लाल जी।। 13।।

कंघा सादा रूप में होना चाहिए ताकि वह केशों की सफाई का अपना काम ठीक प्रकार से कर सके। गले में निशानी के तौर पर डाले गए छोटे से कंघे को स्वीकार नहीं किया गया। कंघा सफाई, स्वच्छता का प्रतीक है और सिख के लिए कंघा लकड़ी का ही हो सकता है। सोने, लोहे या चांदी या प्लास्टिक का ना हो ना ही केशों में ब्रुश फिराना है। कंघा दाढ़ी में भी फिराना चाहिए। कंघा श्रृंगार या सजावटी गहने की तरह नहीं है। कंघे को धागा या डोरी में डाला जा सकता है। यदि आवश्यकता महसूस

हो तो जैसे कई कलगा सिंह दस्तार के सिरे से कंघा बांध कर सजाते है। रात को विश्राम करते समय भी कंघा केशों में रहना चाहिए है।

अनेक बार हम दूसरे व्यक्तियों की चीजों और वस्तुओं का प्रयोग करने से परहेज़ करते है जैसेकि वह रोगी हो सकते है। छूत की बीमारियों के कारण भी आवश्यक है कि कंघा निजी होना चाहिए। संयुक्त तौर पर उसका सेवन नहीं किया जाना चाहिए, इस के कई नुकसान हो सकते है।

कंघे को भी धोना है, साफ रखना है ताकि वह ठीक तरीके से केशों की सफाई कर सके। केशों को सुखाते हुए कंघे को कुछ समय के लिए जेब में रखा जा सकता है। कई गुरू प्यारे दो कंघे पास रखते है, एक जेब में, यदि किसी कारण या सोते समय छोटी दस्तार से निकल जाए तो रहत में ढील ना आए। यदि कहीं कंघा भूल भी जाए तो अरदास करनी चाहिए है। केशों में कंघा करते समय, केशों को संवारते हुए, कंघा जांघ पर रखा जा सकता है ताकि शरीर से संबंध कायम रहे। यदि कहीं कंघे का कोई दंदा भुर जाते तो कंघा बदल लेना चाहिए।

कंघा किए बिना गुर–दरबार की हजूरी में नहीं जाना चाहिए। इतिहास में आता है कि श्री गुरू गोबिंद सिंह जी सिखों को साथ लेकर शिकार खेलने के लिए गए। काफी समय के उपरांत भी कोई शिकार ना मिला तब सतिगुरू जी ने सभी सिखों से प्रश्न किया कि नितनेम किया है। सभी द्वारा हां में जवाब आने पर पूछा कि सभी ने केशों में कंघा किया है? एक सिख ने कहा कि, जल्दबाजी में मैं वह भूल गया। तब सतिगुरू जी ने उस समय उससे केशों में कंघा फिरवाया।

कई बार जब कई बातों की लड़ी जोड़ कर देखते है तो पूरी तरह से समझ आता है कि भाई नंद लाल जी के रहतनामा में यह विचार कि केशों के बिना बाकी सारे ककार स्वीकार्य नहीं, वे फालतू है :

निषानि सिखी ई पंज हरफि काफ।
हरगिजु न बाषद ई पंज मुआफ।
कड़ा कारदो कछछ कंघा बिदां।
बिना केस हेच असत जुमला निशां।

कंघा केशों में बिराजमान भाव टिका कर रखना होता है। केशों के बिना मोने अर्थात् केशविहीन व्यक्ति कंघा कहां टिका कर रखेंगे?

जबकि केश ही नहीं है तो कंघा कहां रखा जाएगा? कंघा और केशों की संभाल सफाई और रक्षा के लिए है।

रहतनामों की तरह गुर प्रणालियां में भी लिखा मिलता है कि कंघा, कड़े और सारे ककार धारण करने से सिख का वेश शुभ हो जाता है :

गुरू ग्रंथ साहिब गुरू जानो। रहित गुरू की आगिआ मानो।
रख्खे कछछ करद अर केस। कंघे कड़े नाल षुभ वेस।

साइंस ने खोज की है कि मनुष्य का दिमाग बिजली समान है और केश उसके सैंल है, जिन्हें लकड़ी के कंघे से ही संवारना चाहिए ताकि बिजलाई संगठन व व्यवस्था Electronic System ठीक रहे। लकड़ी के कंघे के अलावा अन्य किसी कंघे या कंघी को केशों में फिराने से ये सैल नष्ट हो जाते है। मनुष्य के सिर में बिजली समान शक्ति होती है, जो कि लकड़ी के कंघे को सिर में रखने से शांत रहती है। जैसे : लकड़ी का करंट या प्रवाह भी अधिक नुकसान नहीं करता, यदि व्यक्ति लकड़ी के किसी प्लेटफार्म पर खड़ा हो। जैसे लकड़ी के मंच पर खड़े होने के कारण बिजली का प्रभाव कम पड़ता है। इसी प्रकार लकड़ी का कंघा भी उसका सारा दायरा, चक्कर या Circuit पूरा नहीं होने देता। वह उसे रोक देता है, जिससे बिजली के प्रभाव से होने वाले नुकसान से बचाव हो जाता है।

इसी प्रकार की एक घटना का उल्लेख करना चाहता हूं कि एक सिख खिलाड़ी जो क्रिकेट खेल रहा था। अचानक उसके सिर पर ज़ोर से गेंद आकर लगी। परन्तु कंघे के कारण उसका बचाव हो गया। गुरमुख संत जन कहते है कि यदि आप किसी समय स्वयं में कम ऊर्जा महसूस करो तो प्रेम सहित सिमरन करते हुए केशों में कंघा फिराने लगो। आपके भीतर ऊर्जा का संचार होने लगेगा और आप शक्तिशाली महसूस करने लगोगे। जब कोई केशों में (आकाशीय, अलौकिक, बैकुंठ) में कंघा (धरती, जमीन और मातलोक) करता है तो धरती और आकाश मिलते है।

सभी वैज्ञानिकों से महान् कुशल वैज्ञानिक श्री गुरू गोबिंद सिंह जी ने कंघा बख्शिश किया, ताकि आप स्वयं अपनी ऊर्जा शक्ति अपने दिमाग के लिए पैदा कर सको। कंघा आकाशीय और गगनीय शक्ति को अपने शरीर में लाने का माध्यम है, जो हमारे सिर में ऊर्जा केन्द्र Solar Centre

है, जो मर्दों के सिर के अगले हिस्से में होता है और स्त्रियों के सिर पर थोड़ा पीछे की ओर होता है।

कंघा इस ऊर्जा केन्द्र के द्वारा इस शक्ति को दिमाग में लाता है। कंघे को प्राकृतिक शक्तियों के मूल तत्व धरती का हिस्सा माना गया है। कंघा हमरे केशों को खूबसूरत रखने और शरीर में शक्ति लाने के लिए है।

लकड़ी के कंघे की कुछ अन्य विशेषताए और गुण निम्नलिखित है :

- केशों को लकड़ी के कंघे से संवारने के लिए आंखों की ज्योति बढ़ती है।
- सिर में खून का प्रवाह ठीक व संतुलित रहता है।
- केश स्वस्थ और रेशम की तरह मुलायम और चमकीले हो जाते है।
- केशों की मालिश या मसाज हो जाती है।
- सिर की खोपड़ी पर मुसामों व मासगंढों को उत्साहित कर, उनमें वृद्धि की जाती है।
- धूल, मैल और Chemicals रसायनिक पदार्थों से मुक्त करवाता है।
- केशों को मजबूत बनाता है।
- केशों को साफ रखता है।
- केशों में जुएं, लीखें इत्यादि नहीं पड़ती, पैदा नहीं होती।
- केश मुलायम रहते है।
- यह केशों को आहार और खुराक बख्शिश करता है।
- केशों को स्वाभाविक हालत में रखता है।
- खोपड़ी को स्वस्थ रखता है।
- खोपड़ी पर नील या दाग नहीं पड़ते।
- केशों को लकडी के कंघे से संवारने से केशों की उत्पत्ति और वृद्धि को उत्साह मिलता है।
- केशों को झड़ने से टूटने से बचाता है।
- वायुमंडल में बिजलाई गड़बड़ और स्थिर–बिजली से रक्षा करता है।
- खुश्की से बचाव करता है।
- चिकनाई और गंदगी से बचाता है।
- बालों की उलझनों को ठीक करने से ब्रुश बढ़िया रहता है।
- सहजता से उलझे बालों को सुलझा कर, उन की गति को ठीक कर देता है।

- केशों को रूसी व सिकरी से बचाता है, जो सूखी खोपड़ी की टोटम पर पैदा होती है। केशों को प्रेम से लकड़ी के कंघे से खोपड़ी का मालिश हो जाती है। आम हालत में आने से खोपड़ी के अंदर से ही तेल का बहाव प्रकट हो जाता है और रूसी को खत्म कर देता है।
- केशों की काया में जिन्दगी लौट आती है।
- केशों को लकड़ी के कंघे से संवारने से खोपड़ी की मालिश हो जाती है, जिससे सारी खोपड़ी के पट्ठे, नसों को काफी आराम महसूस होता है और हमारी मानसिक अवस्था भी काफी शांत हो जाती है।
- लंबे केशों को खास तौर पर लकड़ी के कंघे से संवारना काफी गुणकारी होता है क्योंकि इससे उलझन और गांठें जल्दी सुलझ जाती है और केश स्वस्थ और कोमल व उत्तम दिखाई देने लगते है।
- केशों को हेयर ब्लो ड्रायर से सुखाते समय लकड़ी का कंघा उस तरीके से गर्म नहीं होता जैसे कोई प्लास्टिक या लोहे का कंघा गर्म हो कर तकलीफ पहुंचा सकता है।
- कुदरती श्रृंगार–विशेषज्ञ (Holistic Beauticians) लकड़ी का कंघा इस्तेमाल करने की सलाह देते है और प्लास्टिक व लोहे के कंघे के प्रयोग से मना करते है क्योंकि लकड़ी के कंघे के इस्तेमाल से जहां सिर को आराम व शांति महसूस होती है, वहीं बाकी शरीर भी इसके साथ सुख, शांति व सुकून महसूस करता है भले व ब्राह्य हो या अंदरुनी।
- लकड़ी के कंघे मजबूत, सख्त और अधिक देर तक चलते है, जो लोहे और प्लास्टिक के कंघों से इस्तेमाल में अधिक बढ़िया रहते है। इस प्रकार खर्चा भी कम होता है।
- लकड़ी के कंघे जैसे मां अपने बच्चों के केशों की संभाल करती है, ऐसे हैं, जो प्लास्टिक व लोहे के कंघों से नहीं हो सकती।
- लकड़ी के कंघे से केश संवारने पर उससे कोई एलर्जी या कुछ भी गलत नहीं होता। अति संवोदनशलता भी नहीं होती या बहुत कम होती है, जो अक्सर लोहे या प्लास्टिक के कंघों या कंघियों से हो सकती है। सभी की खोपड़ी संतुलित व साधारण नहीं होती। कई लोगों की खोपड़ी अत्यन्त कोमल व नाजुक होती है, जिसमें लोहे

या प्लास्टिक के कंघों से बेतरतीबी, बीमारी और अनियमितता हो सकती है परन्तु लकड़ी के कंघे के प्राकृतिक होने के कारण खोपड़ी के टोटम के टूटने, फटने या फोड़े फंसी के उठने की भी संभावना बहुत कम होती है।

केशों को फैशन मुताबिक बनाने के लिए गर्म यंत्रों के आकारों का प्रयोग कम करना चाहिए। इन के Heat Styling Tools गलत प्रयोग से केशों और खोपड़ी को बहुत नुकसान पहुंच सकता है। केशों के विशेषज्ञों का कहना है कि केशों को जितना हो सके, पीछे की ओर करके नहीं संवारना चाहिए क्योंकि इससे बाह्य चमड़ी, त्वचा के सैल कोशकाओं की दिशा में उल्टा कंघा करने से केश कुछ अधिक निकल सकते है या केशों को नुकसान पहुंच सकता है। हमारी खोपड़ी के नीचे Sebaceous Gland चर्बी की ग्रंथि होती है जोकि Sebum Oils तेल की तरह खोपड़ी से पैदा कर, प्रकट करती है, जिसे लकड़ी के कंघा अधिक प्रवीणता, निपुणता से सारे केशों में बांटता, वितरित करता और फैलाता है, जो लोहे या प्लास्टिक के कंघे इतनी कार्यकुशलता से करने में असमर्थ होते है। कई व्यक्तियों में यह अधिक और कुछेक में कम होता है परन्तु ऐसा सभी प्राकृतिक तौर पर होता है, जिसे लकड़ी का कंघा अधिक सावधानी और प्राकृतिक तरीके से ही, हल चलाने समान सारे केशों तक आसानी से पहुंचाता है।

दुनिया में लकड़ी के कई प्रकार के कंघे व कंघियां उपलब्ध है। कई कंधों के दंदे बहुत बारीक और साधरण से अधिक चौड़े दंदे भी मिलते है। इसी प्रकार कई वृक्षों की लकड़ी के भी कंघे बनते है जैसे चंदन, संदल, टाहली, बेरी, रोज़वुड, गुलाब की सुगधि जैसी लकड़ी और अन्य बहुत सारे वृक्षों की लकड़ी के कंघे बनाए जाते है। सभी की अपनी निजी पसंद हो सकती है। जैसे कोई बारीक दंदे वाले या कोई मोटे दंदे वाले कंघे को पसंद करते है परन्तु रहत में लकड़ी के कंघे का ही ज़िक्र मिलता है।

श्री गुरू गोबिंद सिंह जी के प्यारे कवि भाई नंद लाल जी भी अपनी शायराना तबीयत अनुसार हवा को भी गुरू साहिब जी के केशें में कंघा करते हुए का वर्णन करते है और महसूस करते है कि मुरीद के लिए वह जंजीर की अचरज भरी संगल बना देती है भाव मुरीद सुबह की हवा

जब जुल्फों के कुंडल को हिलाती है, कंघा करती है तो मुरीद प्यारा और किसी तरफ जा नहीं सकता, देख नहीं सकता। ग़ज़ल नं. 20 में वह इस प्रकार फरमाते है :

सबा चूं हलकाहाऐ ज़ुलफि ऊ रा षानह में साज़द ।।
अजब ज़ंजीर अज़ बहिरे दिल दीवानह में साज़द।। 1।।

जैसे मर्द कामिनी की जुल्फ के कुंडल देख कर अपने चंचल मन को उस के प्रेम अधीन ले आता है, इसी प्रकार परमार्थ के रसिए जब ब्रह्म मुहर्त्त कुदरत के यौवन को देखते है तो पवन प्यारे की वनस्पति जुल्फों को संवार कर एक मनोरम दृश्य बना देती है। इस सुन्दरता को देख कर रसिए प्रेमी उस मनमोहक महबूब के ध्यान में जुड़ जाते है।

लकड़ी का कंघा अत्यन्त गुणकारी होता है । कुछेक गुणों का ज़िक्र करने का यत्न किया गया है परन्तु सब से बड़ी बात यह है कि सतिगुरू जी ने हमें यह सौगात बख्शिश की है, जिसे हम प्रेम की निशानी के तौर पर सिर पर सजा कर सत्कार सहित रखते है और प्रतिदिन इससे दो बार अपने केशों को संवारते है। कंघे की अन्य विशेषताओं के बारे सतिगुरू जी स्वयं अधिक जानते होंगे, जिन्होंने हमें ऐसी महान् सौगात बख्शिश की है।

कई स्थानों पर रहतनामों और सिख इतिहास में सिंहों को कंघा दान व वितरण करना अत्यन्त पुण्य कर्म और फलदायी वर्णित किया गया है। इसी प्रकार ही खालसा शतक में भाई बुध्ध सिंह कंघे की महानता को इस प्रकार प्रकट करते है :

दान देयि गुरसिख को प्रीति करै सिख संगि।
कंघा भोजन सिख देयि सो खालसा उमंग। 93।

कड़ा

सतिगुरू जी द्वारा बख्शिश किए गए वरदानों में से ककार रूप में सरब लोह का कड़ा है। कड़ा सरब लोह का ही होना चाहिए, सोने, चांदी या अन्य किसी धातु का नहीं चाहिए। साइंटिफिक तरीके के अनुसार सरब लोह को जीवित लोहा मानते है। सटील को जीवित नहीं मानते, मरी हुई धातु मानते है क्योंकि ये दो धातुओं को मिला कर बनता है। आइए पहले विचार करते है कि कड़ा कैसे बनता है।

सबसे पहले लोहे के कच्चे माल में ये लोहे की लंबी तारों के रूप में होती है, जिन्हें बाद में लंबे स्पिंग के रूप में बना लिया जाता है। इन स्पिंगों का आकार हाथ के आकार समान होता है। फिर इन स्पिंगों को एक मशीनी कटर की मदद से बीच में से काट दिया जाता है, जिससे ये अकेले अकेले गोल रिंग की शक्ल ले लेता है। इन रिंगों को एक कारीगर हथौड़े की मदद से सीधा किया जाता है तो इनके सिरे आपस में एक आकार के हो जाए। सिरों को एक समान करने के बाद दोनों सिरों को आपस में वैल्ड करके जोड़ दिया जाता है, अब तक यह एक गोल रिंग की तरह बन जाता है, जिसमें एक जोड़ होता है। इस वैल्डिंग के जोड़ को दूर करने के लिए और कड़े पर की जाने वाली मीनाकारी के लिए इसे खराद पर चढ़ा कर छीला जाता है, इस से कड़ा अपना बाह्य रूप धारण कर लेता है। उस पर से वैल्डिंग का निशान भी मिट जाता है। यह काम अत्यन्त बारीकी और मुहारत से किया जाता है। एक बार कड़े को खराद पर चढ़ा कर ब्राह्य रूप तो बन जाता है परन्तु इसका भीतरी हिस्सा अभी भी खुरदरा है। इसे दुबारा खराद पर चढ़ा शिंकजे में कस कर भीतर से भी छील दिया जाता है। आखिर में छीलने की क्रिया के बाद इसे रगड़ा जाता है। जिस से पॉलिश की तरह इसकी चमक आ जाती है। अब यह उस बढ़िया रूप में सामने आता है, जिसे हम अपनी

कलाई में पहनते है। ये अलग अलग आकारों के अनुसार बनाए जाते है और साथ ही कई मोटे, मध्यम और पतले बनाए जाते है कि हरेक व्यक्ति की चुनाव और पसंद अनुसार, इच्छानुसार पूरे उतर सकें। सरब लोह के कड़ों पर थोड़ा तेल भी लगा दिया जाता है ताकि अधिकतर देर पड़े रहने से जंगाल ना लगे।

कई प्रकार के कड़े देखने को मिलते है, कई माला के मणके लोहे के कड़े (वैल्डिंग करने से पहले, उसमें डाल दिए जाते है) में होते है। कई चक्कर कड़ा पहनते है, जो कि एक चक्कर की तरह होता है, जैसे कई निहंग सिंह दस्तारों पर चक्कर पहनते है, परन्तु यह हाथ में पहनने के लिए बनाया जाता है। कई ऑर्डर दे कर अपनी मनपसंद या डिज़ाईन बता कर उसी हिसाब से कड़ा बनवाते है। कई इतने मोटे कड़े पहनते है कि उनका वज़न बहुत भारी हो जाता है। कई लोग आधा किलो तक के भी कड़े पहनते है। कड़े बनाने वाले अधिक कारीगर दस्ताने पहनते है ताकि कोई लोहे की छिल्त या बाकी ना चुभे, कई नकाब भी पहनते है, सुरक्षा के लिए।

आम तौर पर कड़ा दाएं हाथ में पहना जाता है, परन्तु कई दोनों हाथों में पहनते है क्योंकि कड़ा सरब लोह का होता है और लोहे की रख–रखाव मानते है। सतिगुरू जी की ऐसी दूर दृष्टि और सिखों को बख्शिश किए गए वरदान के गुणों को देख–सुन कर, जांच कर, मन–मस्तक एकदम श्री गुरू साहिब जी के चरणों में झुक जाता है । भले हम अपनी सूझ अनुसार कुछ ही गुणों के बारे में विचार कर सकेंगे क्योंकि सारे गुण तो सतिगुरू जी स्वयं ही जानते है।

लोहे का एक बहुत ही खास गुण यह है कि इससे भूत प्रेत और बुरी आत्माएं डरती है, जिसने सरब लोह का कड़ा पहना हो, उस व्यक्ति पर इनका कोई असर नहीं पड़ता, खास तौर पर जब कोई पाठ का नितनेमी हो। कई अन्य धर्म की स्त्रियां भी कई बार गुरुद्वारे जाकर लोहे के कड़े की मांग करती है ताकि रात को डरने वाले बच्चों को पहनाया जा सके, इससे लोहे का कड़ा उनकी रक्षा करता है।

श्री गुरू गोबिंद सिंह जी महाराज जब अकाल उस्तति की बाणी का उच्चारण करते है तो उसका आरंभ इस प्रकार से होता है :

ੴ सतिगुरु प्रसादि।। अकाल उसतत।।
श्री भगउती जी सहायि।।
उतार खासे दसखत का।। पातिशाही 10।।
अकाल पुरख की रछा हमनै।।
सरब लोह दी रछिआ हमनै।।
सरब काल जी दी रछिआ हमनै।।
सरब लोह जी दी सदा रछिआ हमनै।।

इसके बाद तव प्रसादि चौपई का आंरभ करते है। सो गुरू साहिब जी सरब लोह जी की रछिआ का वर्णन करते है और सरब लोह को प्रभु जी की तरह सत्कार देते हैं। श्री गुरू गोबिंद सिंह जी साहिब की बाणी का एक संग्रह सरब लोह ग्रंथ भी है, जो दसम ग्रंथ से अलग है। सरब लोह ग्रंथ में भी बहुत ज्ञान है परन्तु पुरातन ग्रंथों का अध्ययन करने और विशेष तौर पर श्री गुरू ग्रंथ साहिब जी का अध्ययन और मनन की रुचि को भी उजागर करने की आवश्यकता है।

कई सख्त परिश्रम करते हैं और सरब लोह के बर्तनों में ही प्रशादा सजा कर छकते या खाते है और बहुत चढ़दी कला के नाम अभ्यासी दर्शनी निहंग सिंह है। परन्तु यह मार्ग अत्यन्त कठिन है, । इसे बिबेक सरब लोह का पहरा भी कहा जाता है।

जैसे सरब लोह के कड़े और किरपान से बद–आत्माएं डरती है और कई काले इल्म को जानने वाले भी इस बात को अच्छी तरह से जानते है और अपना प्रभाव पाने के लिए, फंसाने के लिए, इन के पास आए व्यक्तियों के कड़े उतरवा देते है और अपने तबीत और धागा आदि पहना कर, अपने अधीन करके, कई प्रकार का दुरुपयोग करते है। परन्तु जो रहत रखते है, नितनेम करते है, सरब लोह का कड़ा पहनते है, उन पर काले इल्म करने वालों का कोई ज़ोर नहीं चलता और किसी मलीन आत्मा का बुरा प्रभाव नहीं पड़ता।

जैसे कई शगुन और विवाह आदि के धागे या गाना आदि बांध लेते है, जो कि अस्थायी होते है परन्तु श्री गुरू साहिब जी का कड़ा सदैव के लिए बांधा जाने वाला शहीदी गाना है, जो दस नाखूनों की किरत करना और बांट कर खाने की प्रेरणा देता है। साथ ही हाथों से साध–संगत में

जा कर सेवा करने की नसीहत करता है।

कई व्यक्तियों के शरीर में आयरन (Iron) की कमी होती है और उस कमी को पूरा करने के लिए उन्हें आयरन की गोलियां खानी पड़ती है। जो व्यक्ति सरब लोह का कड़ा पहनते है, उन्हें यह कमी कम महसूस होती है, क्योंकि सरब लोह के कड़े से शरीर को कलाई से घिस–घिस कर शक्ति पित्त तक पहुंच कर ताकत देती है और कड़ा आयरन की खुराक पहुंचा कर तृप्ति प्रदान करता है। आम तौर पर आयरन की गोलियां के पैक्ट के ऊपर ऐसे लाभ भी लिखे मिलते है कि ये गोलियां कैंसर के विरुद्ध कार्य करती है, नींद लाने में और शांति व आराम पहुंचाने में भी मदद करती है। खून की कमी भाव एनीमिया के रोगियों को डाक्टर इनका सेवन करने की सलाह देते हैं।

लोहे में एक विशेष गुण यह है कि यह आपकी नकारात्मकता और नेगेटिविटी से रक्षा करता है। इतिहास का अध्ययन करने से यह स्पष्ट हो जाता है कि पुरानत समय से ही लोहे के गहने आदि पहने जाते रहे, इन्हें आध्यात्मिक और आत्मिक कवच भी समझा व माना जाता है। लोहे को शक्ति , बहादुरी और दृढ़ संकल्प से जोड़ा जाता है। लोहे में दलेरी, बहादुरी और शक्ति प्रदान करने वाले गुण बयान किए जाते है। आपके लक्ष्य और उद्देश्य को प्राप्त करने के लिए जीवन शक्ति को केन्द्रित करने और आपके सपनों को वास्तविक बनाने के लिए लोहे को विशेष तौर पर साथी माना जाता है। शक्तिशाली मुकाबलों को जीतने वालों को या दृढ़ भरोसे वाले नेताओं को लोह पुरुष या आयरन मैन कहा जाता है।

लोहे को धरती का लहु भी कहा जाता है क्योंकि धरती के एकदम बीच के हिस्से में मॉलटन कोर में लगभग पिघला हुआ पूर्ण लोहा ही तरल रूप में होता है। लोहे का उल्लेख और प्रमाण दो बहुत ही खूंखार कुत्तों Rottweller, Mastiff से भी किया जाता है, जोकि बहुत ही वफादार ताकतवर और निडर किस्म के होते है। लोहा आपका स्वाभिमान और स्वभरोसा भी बढ़ाता है। जहां लोहा आपके शरीर को शक्ति देता है और लोहा धारण करने वाले व्यक्ति को नकारात्मकता से भी बचाता है। इस बात की हामी ज्योतिषी इत्यादि भी करते है कि कड़ा पहनने वाले या अन्य लोहा पहनने वालों की शनि से रक्षा होती है क्योंकि शनि ग्रह भी

लोहे के धातु को स्वीकार करता है। इस के अधिक विस्तार के लिए देखे, मेरी पुस्तक "सात वार।"

सरब लोह का कड़ा पहनने वालों को शक्ति, मानसिक संतुलन और एकाग्रता प्रदान करता है। यह इस प्रकार काम करता है जैसे अपनी कलाई पर कोई सैनिक या सिपाही बांधा हो, जो कि आपके आभा मंडल से नकारात्मक शक्तियों को एक ओर मोड़ देता है। सरब लोह का कड़ा शक्ति को केन्द्रित करके पहनने वाले को स्थिरता पहुंचाता है ताकि पहनने वाले को कोई हानि या नुकसान न पहुंचे। सरब लोह का कड़ा ऐसा गहना है जो कि अत्यन्त शक्तिशाली और प्रभाव पूर्ण सामर्थ्य देने वाला होने के साथ साथ सुंदर, भक्ति भावना वाला और श्रद्धा वाला भी है।

सरब लोह अपने आप में संपूर्ण तत्व है। यह ना Electrons बिजलाई अणु लेता है और ना ही बांटता है। अपने आप में शुद्ध प्राकृतिक शक्ति, कुदरती ताकत और संत स्वभाव की तरह पवित्र और चुंबकीय है। इसे पहनने वाले पर इस की अप्रत्यक्ष शक्ति का प्रभाव पड़ता है और वह स्वयं ऐसा ही बन जाता है। साइंस भी लोहे को अपने आप में संपूर्ण तत्व स्वीकार करती है। सरब लोह का कड़ा उस असीम प्रभु की अनंतता से जुड़ने और मिलाप करवाने का Symbol प्रतीक है। इस कड़े का गोल दायरा उस प्रभु से जोड़ता है, जिस का आरंभ और समाप्ति नहीं होती, जैसे मूल मंत्र में कहा गया है :

आदि सचु जुगादि सचु।। है भी सचु नानक होसी भी सचु।। 1।।

यह पुरातन संस्कृति से ही प्रतीक स्वरूप उस प्रभु से संबंधित है और उस प्रभु की एकात्मकमा और एकता से ना टूटने वाला संबंध कायम होता है। कड़े का कोई भी आरंभ और अंत नहीं, यह गोल है और इसका कोई सिरा या किनारा नहीं है। यह सिख भाईचारे और सिख समाज में एक शश्वत निशान और चिन्ह के तौर पर एक श्रृंखला की तरह खालसा भाईचारे में तालमेल और समन्वय कायम करता है और कायम रखता है। यह सरब लोह का कड़ा भीतरी और बाहरी तौर पर रक्षा और शक्ति प्रदान करता है। भीतरी तौर पर शरीरिक तौर पर और बाहरी बुराईयों से सुरक्षा प्रदान करता है। साथ ही बिना कुछ कहे ही एक–दूसरे को बिरादरी और भाईचारे का सदस्य और मैंबर घोषित करता है।

जहां भी आवाज़ की गति (Speed of Sound) का ज़िक्र आता है, जो हवा में आवाज़ की तंरगों और लहरों को मापना का पैमाना होती है, परन्तु इस आवाज़ की गति का पदार्थों और मूल तत्वों से गुज़रने का अंतर साबित हो चुका है। ऐसे ठोस पदार्थ या मूल तत्व जो मुसामदार ना हो। यह आवाज़ की गति पानी में 4.3 (1484 m/s) गुना तेजी से गुज़रती है। यही कारण है कि महत्त्वपूर्ण गुरुद्वारों में जल के सरोवर है और स्नान को आवश्यक माना गया है। खास तौर पर जब स्नान करते हुए गाया जाता या ऊंचे स्वर में पाठ किया जाए। गुरबाणी में कई ऐसे शब्द है, जिन में स्नान की महत्ता को प्रकट किया गया है। यहां दो उदाहरण दे रहे है :

करि इसनानु सिमरि प्रभु अपना मन तन भऐ अरोगा।।
कोटि बिघन लाथे प्रभ सरणा प्रगटे भले संजोगा।।

(अंग 611)

रामदास सरोवरि नाते।। सभि उतरे पाप कमाते।।
निरमल होयि करि इसनाना।। गुरि पूरै कीने दाना।।

(अंग 625)

लोहे से आवाज़ की गति (5120 m/s) 15 गुना तेज गुज़रती है। हमारे दिल की मध्य रेखा हमारी कलाई के माध्यम से होकर गुज़रती है और हमारी कलाई की नसों को लोहे के कड़े की छुअन से हमारे शरीर में जज्ब करने के लिए ग्रहणशील हो कर यह कार्य स्वागती तरीके से आवभगत सहित करती है। इस तरीके से कड़ा पहनने वाला, जो दिल से पाठ और अरदास करता है, उसकी पहुंच 15 गुना तेजी से बढ़ जाती है, जैसे आप किसी बड़े माक्रोफोन से संदेश दे रहे हों । लोहा धरती का एक किस्म का खास मंत्र है क्योंकि धरती की MOLTON CORE बीच की सतह और लोहा तरल रूप में है, इसलिए लोहा भाव कड़ा धरती की सतह के साथ–साथ हमारी भी सेवा करता है।

लोहा चुंबकीय है और आप के साथ लगे रहने के कारण आप भी अप्रत्यक्ष रूप से उसी प्रकार के हो जाते है। यह हमें गुरू साहिब के साथ चिपका देता है। इसलिए अपने कड़े का ध्यान रखना चाहिए। लोहा आवाज़ और थर्राहट को पकड़ कर रखता है और अपने आप में समो कर रखता है। जब आप सिमरन करते या बाणी पढ़ते है तो एक प्रकार

से अपने कड़े को आवेशित या चार्ज कर लेते हो। सो यह भी ज़रूरी है के लोहे के कड़े को साफ रखा जाए। इसके लिए रेत या मिट्टी से उसे धो–मांज कर पानी से धोया जाए। यह कार्य करते हुए वाहेगुरू की सिमरन करते रहना चाहिए। लोहा एक संपूर्ण पवित्र तत्व है, ऐसा कह सकते है कि यह बाणी का स्टोर –रूम है। यह एक महान् पवित्र अध्यापक और पावन सरपरस्त रक्षक की भांति है।

लोहा हमारे स्वास्थ्य की कमी को पूरा कर के उसे संपूर्ण कायाकल्प कर, एकदम ताज़ा दम करता है। लोहा हीमोगलोबिन (Haemoglobin) लहु के एक हिस्सा का रूप धारण कर के हमारे सैंल के कोष्णुओं को ऑक्सीजन पहुंचाता है। ऑक्सीजन हमारे प्रत्येक सांस में नई जान डाल कर उसे फिर से जीवित कर देती है। इस क्रिया से लोहा पवन गुरू का आवागमन का सेवादार सिद्ध होता है। लोहा हमारे रोगों से संघर्ष करने की शक्ति में और भी वृद्धि करता है और वैज्ञानिक तरीके से प्रीतपिंडों, रोग नाश्कों (Antibodies) का उत्पादन करता है, जोकि छूआछूत और दुष्प्रभाव से लड़ने के लिए महत्त्वपूर्ण कार्य करते है।

गुरमुख संत जन कड़े को प्राकृतिक शक्तियों से हवा का अंश मानते है। कड़ा हमारे प्राणों का प्रतीक है, हमारी जीवन शक्ति और उस प्रभु की असीमता और विशालता का चिन्ह्र है। कड़ा कहता है कि हे मनुष्य! मुझे धारण करने वाले व्यक्ति अपने सारे कार्य और सरगर्मियां करते हुए उस सृजनहार कर्त्ता की सेवा में अपना आप समर्पण कर दे। बाणी में पवन को गुरू कहा गया है। हे प्यारे! गुरू ने तुझे प्यार की कड़ी नहीं लगाई, कड़ा पहनाया है, देखना कहीं कड़े वाले हाथ से कोई गलत काम ना करना।

जैसे सारे संसार में पुलिस विभाग वाले दोषियों को हथकड़ी लगा देते है, कहीं दोषी भाग ना खड़ा हो या दौड़ ना जाए। इसी प्रकार ही समझ लेना चाहिए कि सतिगुरू जी ने हमें पहले ही प्रेम की कड़ी भाव कड़ा पहना दिया है। हे सिख! इस हाथ से कोई भी गलत काम, चोरी, यारी और ठगी नहीं करनी, कहीं भी झूठे हस्ताक्षर नहीं करने, झूठा अगूंठा नहीं लगाना। हाथों से संगत की सेवा करनी है भले वह लंगर बनाना हो या वितरित करना हो या पंखा झूलाना हो या जूतों की सेवा

या अन्य कोई भी सेवा में अपनी सक्रियता दिखा कर, हाथों को सफल करना है। सिखों को कड़ा पहनने वालों को एक प्रकार से गुरू साहिब जी की ओर चेतावनी या वार्निंग है कि देखो, तुम्हारी ओर से किए गए किसी काम को करके मुझे (गुरू जी) शर्मिंदगी ना उठानी पड़े। जिन्दगी में देखने–सुनने को मिलता है कि यदि कोई व्यक्ति नीच या बुरा कर्म करे तो उसके मां–बाप को भी बेईमानी और बेइज़्ज़ती सहन करनी पड़ती है। इसी प्रकार ही यदि कोई रहत वाला सिख नीच काम करेगा तो दुनिया को यह कहने का मौका मिलेगा कि इस व्यक्ति का गुरू कैसा होगा।

जैसे घोड़े–घोड़ियों को लगाम डाली जाती है और इस प्रकार मुंह में लगाम होने के कारण घोड़ा बेकाबू नहीं होता, जब मर्ज़ी हो लगाम खींच ले या धीरे करके रोक ले। उसे अपने वश में रखने के लिए चाबुक भी होता है। इसी प्रकार गुरमुख सिख महसूस करते है, जब कड़ा बांह हिलाने से आगे–पीछे हो तो समझ लेना चाहिए कि गुरू साहिब जी की ओर से प्रेम के चाबुक लग रहे है कि हे सिख! इन हाथों से पराया धन नही उठाना बल्कि इस का त्याग करना है। राग वडहंस में चौथे सतिगुरू जी घोड़ियां के शीर्षक तले शब्द का उच्चारण करते है :

कड़ीआलु मुखे गुरि गिआनु द्रिड़ायिआ राम।।
तनि प्रेमु हरि चाबकु लायिआ राम।।

(अंग 575)

कड़ा पराए धन के त्याग की याद दिलाता है। गुरबाणी में भी बहुत सारे पराए–धन, पर–तन के त्याग के फरमान मिलते है। यहां दो उदाहरण प्रस्तुत कर रहे हैं :

पर धन पर दारा पर निंदा इन सिउ प्रीति निवारि।।
चरन कमल सेवी रिद अंतरि गुर पूरे कै आधारि।।

(अंग 379)

पर धन पर दारा परहरी।।
ता कै निकटि बसै नरहरी।।

(अंग 1163)

कड़ा एक बंधन है, प्रतिज्ञा है परन्तु अन्य बंधनों को तोड़ने के लिए है क्योंकि अवगुण ही गले में संगल की भांति लिपट जाते है। सतिगुरू

जी कहते है कि यदि कोई गुण हो तो वह भाईयों की तरह जंज़ीरों को तोड़ देते है। फरमान है :

नानक अउगुण जेतड़े तेते गली जंजीर।।
जे गुण होनि त कटीअनि से भाई से वीर।।

(अंग 595)

अपने आप को संयम में रखना या इस प्रकार कहे कि अपने आप को सत्य की हथकड़ी लगा कर जो शक्ति, अखंडता और ईमानदारी की प्रतीक है और कड़ा इस बात को याद करवाता है। कई पुरातन और वर्तमान सिख भी कड़े पर गुरमंत्र या मूल मंत्र अंकित करवा लेते है तो जो हर समय कड़ा देख कर बाणी की याद भी आती रहे और गुरबाणी गुरू रूप में हमेशा अंग–संग रहे। लोहा (Iron) और बाणी की शक्ति मिल कर शरीर में हर समय रचती रहती है। गुरबाणी में भी फरमान है कि सिमरन और बाणी याद करने से गुरू साहिब हर समय अंग–संग रहते है। शब्द गुरू जी इमारतों के चौगिर्दे में ही सीमित नहीं है। फरमान है :

गुरु मेरै संगि सदा है नाले।।
सिमरि सिमरि तिसु सदा सम्हाले।।

(अंग 394)

कड़ा ऐसी ईश्वरी और आत्मिक ताकत, हिम्मत और बल है, जिसकी शुरूआत या अंत नहीं है, कोई डर नहीं और कोई नफरत नहीं है। कड़ा जंग और युद्ध में भी कलाई पर तलवार का वार रोकता है और खास तौर पर यदि मोटा कड़ा हो तो वह कलाई का हथियार भी है। जैसे बाबा दीप सिंह जी का मोटा सरब लोह का कड़ा, सिमरना, चक्कर खंडा आदि के दर्शन करने को मिलते है, जिन पर बाणी भी अंकित हुई है जो प्रभु जी की तरह बहुत विचित्र तरीकों से जहां याद करे, वही रक्षा करती है। फरमान है :

रोगन ते अर सोगन ते जल जोगन ते बहु भांति बचावै।।
सत्त्र अनेक चलावत घाव तऊ तन ऐकु न लागन पावै।।
राखत है अपनो करु दै कर पाप संबूह न भेटन पावै।।
और की बात कहा कह तो सौ सु पेट ही के पट बीच बचावै।।

(दसम ग्रंथ)

जिथै हरि आराधीयै तिथै हरि मितु सहाई।।

(अंग 733)

कड़ा धर्म का प्रतीक चक्कर है और इसकी स्वच्छता का भी गुरमुख सिख बहुत ध्यान रखते है और शुद्धता का भी, जब भी जंगल पानी या पाखाना आदि जाने के उपरांत जहां हाथ अच्छी तरह से साबुन से धोए जाते है, उसी प्रकार कड़े को भी अच्छे से धोया जाता है या रेत आदि से मांज कर साफ पानी से धोया जाता है। स्नान की तरह इसकी शुद्ध ता और पवित्रता का भी पूरा ध्यान रखा जाता है। कड़ा एक ही समय में मीरी–पीरी का प्रतीक है, खालसा आत्मिक और संसारिक दोनों सत्ता को धारण करने का सामर्थ्य रखता है।

पुरातन समय से ही लोहे के कड़े पहने जाते थे परन्तु वह एकदम गोल नही होते थे, उनका मुंह खुला होता था। हिन्दू धर्म में एक कहानी कही जाती है कि भस्मासुर नाम दैंत वृत्ति वाले ने शिवजी की अत्यन्त तपस्या और भक्ति की। प्रसन्न हो कर शिव जी प्रकट हुए और उसे वर मांगने को कहा। भस्मासुर ने विनती की, जिसके सिर पर वह अपना कड़ा लगा दे, वह भस्म हो जाए। कई स्थानों पर सिर पर हाथ रखने की बात भी आती है। शिवजी ने तथास्तु कह कर वरदान दे दिया। दैंत वृत्ति वाले भस्मासुर ने परख करने के लिए शिवजी के सिर की ओर हाथ बढ़ाया तो शिवजी आगे की ओर दौड़ने लगे। कहा जाता है कि भस्मासुर से बचाव के लिए विष्णु ने मोहिनी का रूप धारण किया और उसे आकर्षित करने के लिए नृत्य करने लगे। भस्मासुर भी उसी प्रकार नृत्य करने लगा। नृत्य करते हुए मोहिनी ने अपने सिर को हाथ लगाया और उसे देख कर भस्मासुर ने भी, कड़ा सिर को छू गया और छूते ही वह वही भस्म हो गया।

कड़े के बारे में एक घटना याद आती है। यह कोई दो–तीन दशक पहले की बात है जो कनाडा या अमेरिका में घटी थी। एक पंजाबी ने अपनी पत्नी का कत्ल कर दिया और बहुत बेरहमी से उसके कई टुकड़े कर के किसी दूसरे प्रांत में ले जा कर कहीं फेंक दिए। किसी अन्य को इसकी भनक तक ना लगी। जहां से पुलिस को यह लाश मिली, वहां की पुलिस ने जांच की, परन्तु किसी युवा और सुंदर लड़की की गुमशुदगी

की रिपोर्ट नही लिखवाई गई थी। उन्होंने सारे प्रांतों में तहकीकात की, परन्तु कोई जानकारी ना मिल पाई क्योंकि लड़की के अत्यन्त गोरे होने से वह उसे कोई अंग्रेज़ लड़की ही समझ ली गई थी। फिर एक अनुभवी पुलिस वाले ने उसकी बांह में कड़ा देख कर पहचान लिया कि यह लाश सिख धर्म से संबंधित लड़की की है। फिर उन्होंने दूसरे प्रांतों की गुमशुदा लड़कियों और स्त्रियों की सूची की जांच की तो मालूम हो गया कि उसके पति ने उसका कत्ल कर, उसकी रिपोर्ट गुमशुदा के तौर पर लिखवा दी थी। उसके पति को गिरफ्तार कर लिया गया। यह घटना 20–30 या चालीस वर्ष पहले की भी हो सकती है। मैंने इंग्लैंड के पंजाबी अखबार में इस घटना के बारे में पढ़ा था परन्तु यह घटी कनाडा या अमेरिका में थी। इस प्रकार कड़े द्वारा पहचान होने पर उस मृतक स्त्री को न्याय प्राप्त हुआ। इस संदर्भ में बाणी की यह पंक्ति देखें :

आपे पति राखी सेवक की आपि कीओ बंधान।।

(अंग 1216)

सरब लोह के कड़े की बात करते हुए यह बताना भी आवश्यक है कि अमृत संचार के लिए भी केवल सरब लोह का बाटा और सरब लोह का खंडा ही प्रयोग में लाया जाता है, स्टील या अन्य किसी धातु का नहीं। सतिगुरू जी ने सरब लोह के बाटे और खंडे का ही उपयोग किया था, अमृत तैयार करने के कौतुक समय में श्री केसगढ़ साहिब में।

कई बार पुरातन चल रहे रीति रिवाजों की सोच को बदलने के लिए सतिगुरू जी अत्यन्त सहज व साधारण तरीके अपनाते रहे, जिन्हें देख कर सतिगुरू जी के चरणों में झुक जाता है।

गुरू साहिब जी के समय में स्त्रियों को कहीं भी बराबरी का दर्ज़ा प्राप्त नहीं था। अभी भी कई देशों में उन्हें पुरुषों समान समानता प्राप्त नहीं है। यहां यह बताना भी गलत नहीं होगा कि स्त्रियों को वोट डालने का अधिकार भी 1919–1920 में ही प्राप्त हुआ। भारत में स्त्री को कमज़ोर और अबला ही समझा व माना जाता है। पुरातन रीति अनुसार बहनें भाई की कलाई पर ऊन का धागा आदि बांधती थी, जिसे रक्षाबंधन या राखी कहा जाता है। भाई, बहन की खतरे समय रक्षा करने का वायदा करता है और आर्थिक सहायता के तौर पर रकम इत्यादि देता है। उस समय

मुगल दंगाई ज़ोर–जर्बदस्ती से हिन्दू लड़कियों को उठा ले जाते थे। उस समय इज्ज़त–आबरू और शरीरिक सुरक्षा की अत्यन्त आवश्यकता होती थी क्योंकि स्त्रियों को कमज़ोर, गऊ व अबला कह कर आत्म विश्वास से हीन कर दिया जाता था।

श्री गुरू नानक देव जी के समय के बाद से ही समाज में कुछ परिवर्तन आने लगा, जब गुरू साहिब ने फरमाया :

सो किउ मंदा आखीयै जितु जंमहि राजान।।

(अंग 473)

श्री गुरू अमरदास जी ने स्त्रियों को पीढ़ा बख्शिश कर प्रचारक के तौर पर भी नियुक्त किया। श्री गुरू गोबिंद सिंह जी ने खंडे–बाटे का अमृत सिंहों को बख्शिश किया, वही स्त्रियों को भी प्रदान किया। वही पांच ककारों की बख्शिश स्त्रियों को भी समान रूप से देकर बराबरी रखी। ऐसा नहीं कि स्त्रियों को कड़े के स्थान पर चांदी का कंगन पहनने को कहा गया। स्त्रियों को कड़े ने भरोसा व स्वाभिमान बख्शिश किया कि स्त्रियां कहीं से भी कमज़ोर नहीं है, वे अपनी स्व–सुरक्षा करने में सक्षम में है और अन्य मजलूमों की भी रक्षा कर सकती है। स्त्रियों को ऐसी बराबरी मिलने के कारण उन में जोश पैदा हुआ, जो पहले गुप्त और लुप्त ही था। सतिगुरू जी ने कौर का खिताब बख्शिश किया और इन्हें राजकुमारियों समान रसोई के साथ–साथ घुड़सवारी और सैन्य प्रशिक्षण भी दिया जाने लगा। कई स्त्रियों के नाम इतिहास में दर्ज़ है, जिन्होंने अत्यन्त वीरता से युद्ध लड़े, जिन में माई भागो (भाग कौर) का नाम तो इतिहास में सुनहरी अक्षरों में चमक रहा है। कई स्त्रियों ने भाईयों के साथ कंधे से कंधा मिला कर संग्रामों और संघर्षों में साथ दिया। इस सरबलोह के कड़े ने सिख समाज में अत्यन्त जागृति ला दी। सिखों के मनोबल, हौंसले और भी बुलंद हो गए, विशेष तौर पर स्त्रियों के, जिन्होंने सैन्य प्रशिक्षण ले कर अपने भाईयों समान बहादुरी दिखाई और गुरू साहिब जी की बख्शिश से अबला से तैयार बर तैयार सिंहनियां बन कर सामने आई।

पुरातन समय से ही प्रतीक व चिन्हों की भाषा का प्रयोग होता रहा है। अभी भी बहुत सारे स्थानों पर इस तरीके का प्रयोग किया जाता

है। इंग्लैंड में और अन्य कई देशों में ट्रैफिक के साईन बोर्ड, चेतावनी के लिए तिकोने वाले और चौरस बोर्ड जानकारी के लिए लगाए जाते है। गोल दायरे वाले आवश्यक और लाज़िमी तौर पर आदेश देते है। कड़े भी गोल आकार के पकके तौर पर संकेतक भाषा में सतिगुरू जी की ओर से दिया गया पक्का आदेश है। कई बार कई शैक्षणिक संस्थाएं और खेल संस्थाएं इस कड़े का विरोध करते है परन्तु अधिकतर स्थानों पर जब उन्हें समझा दिया जाता है तो वह अपना एतराज़ वापस ले लेते है और कड़ा धारण करने की अनुमति दे देते है।

गोल दायरे का चिन्ह्न बहुत पुराना है और बहुत खास माना जाता है। इतिहास में इसका मनोवैज्ञानिक, जीवन दर्शन और ज्ञान द्वारा अर्थ भरपूर निरूपण किया गया है और इसका विशेष आकार भावात्मक व्याख्या करता है। इस गोल दायरे के चिन्ह्न को मंडल भी कहा जाता है। इस गोल आकार का सबसे अधिक प्रभाव अवचेतन मन पर पड़ता है। दार्शनिक रूप में इसका एक विशेष स्थान है। इमारतसाज़ी के विशेषज्ञों का मानना है कि गोल आकार शक्ति के लिए अत्यन्त उत्तम है क्योंकि इसकी गोलाई तनाव, खिंचाव और प्रहार की चोट को बांट देती है। इंजीनियर कमज़ोर हिस्से में करवटें डाल कर उसे झिर्रीदार बना देते है।

हमारे सिर की खोपड़ी भी कुदरती जुगत और प्रवीणता के लिहाज़ से गोल है, जो हमारे दिमाग की रक्षा करती है, जो हमारे शरीर का सब से खास अंग है। एक गोल पदार्थ यदि कमज़ोर हो तो अपनी गोलाई कायम नहीं रख सकता जैसे कार का पहिया गोल होता है, यदि उसमें भरी हुई हवा सही हो तो ठीक है वरना कोई दबाव पड़ने से भाव पैंचर हो जाए तो गोलाई कायम नहीं रहती। परन्तु जिन सिंहों ने अपनी खुशी और सहजता से कुर्बानियां दी परन्तु धर्म पर आंच नहीं आने दी, अपने धर्म से समझौता कर, उसे हारने नहीं दिया, अर्थात् वे कमज़ोर नहीं थे। भाई तारू सिंह, भाई मनी सिंह और बंदा सिंह बहादर शहीद हुए परन्तु कोई भी क्रूरता उन्हें डरा नही पाई।

जैसे गणित–हिसाब में ज़ीरो 0 है, वह गोल है, मंडल है, उसी प्रकार सिख अपने आप को खो देता है तो उसके साथ एक प्रभु मिल जाता है, जो उसके मूल्य और शक्ति को कई गुना बढ़ा देता है। वह अपने

सिद्धांत को कायम रखता है क्योंकि प्रभु जी आत्मिक शक्ति की बख्शिश करते है। जब सिख सुबह व शाम केशों में कंघा करता है और दायां हाथ व कलाई सिर के ऊपर घूमती है, जूड़ा करते हुए, उसके साथ ही साथ कड़ा भी घूमता है। यदि साथ –साथ सिमरन हो रहा हो तो यह भावना उभर आती है हे प्रभु! मैं कुछ भी नहीं, ज़ीरो हूं, आप ही सर्वशक्तिमान वाहिगुरू जी हो, जो सर्वव्यापी है। दस्तार सजाते हुए भी ऐसी ही क्रिया घटती है। दशमेश पिता जी ने गोल सिर में अमृत के पांच छींटे डाल कर इस गोलाई को ऐसी दृढ़ता बख्श दी कि इतिहास में सैंकड़े सिंहों, स्त्रियों और बच्चों की शहीदी इतिहास में देखने को मिलती है परन्तु इन में से कोई भी संसारिक सुखों के लिए अस्थिर नहीं हुआ। आंखों में अमृत डाल कर, अनदेखा करने की शक्ति बख्शिश की। मुख में अमृत डाल उसे बाणी से जोड़ दिया। सिख ने अपना आप गुरू के चरणों में समर्पित कर दिया। जैसे फरमान है :

कबीर मेरा मुझ महि किछु नही जो किछु है सो तेरा।।
तेरा तुझ कउ सउपते किआ लागै मेरा।। 203।।

(अंग 1375)

कड़ा हमें विकारों की गुलामी से मुक्त करवाने में मदद करता है, परन्तु रहतवान धारक लुभावने और वरगलाने वाली भावनाओं के लिए स्वयं उत्तरदायी होता है। ये ज़ोर डाल कर, लूट का शिकार कर, किसी को भी मज़लूम बना ले, तब गुरू साहिब के आगे अरदास करने से ही सहायता मिलती है। गुरू साहिब जी साधसंगत को इस प्रकार करने की प्रेरणा देते है :

पंच चोर आगै भगे जब साधसंगेत।।
पूंजी साबतु घणो लाभु ग्रिहि सोभा सेत।।

(अंग 810)

कड़े की गोलाई हमें और भी शिक्षा देती है कि कड़े का घेरा मध्य से एक समान का फासला रखता है। इसी प्रकार ही प्रभु जी के बनाए सभी मनुष्य एक समान है और किसी के साथ भी नफरत या भेदभाव नहीं किया जा सकता, धर्म, जात, नस्ल के कारण, किसी से भेदभाव नहीं किया जा सकता। कड़े के बीच वाले हिस्से में से गोल दायरा एक समान

होता है। इसी प्रकार ही सभी जीव प्रभु से एक समान है और साथी है और सभी एक समान दूरी पर है। फरमान है :

ऐकु पिता ऐकस के हम बारिक तू मेरा गुर हाई।।

(अंग 611)

कड़े की कोई शुरूआत और अंत नहीं है, इसी प्रकार कड़ा धारण करने वाला या पहनने वाला, उस अमर व शश्वत सत्य और प्रभु की असीमता से जुड़ कर ऐसा स्व–विश्वासी और दलेर बन जाता है, जिसकी कोई सीमा नहीं है। जैसे किसी कुत्ते के गले में पड़े पट्टे को देख कर मालूम हो जाता है कि वह आवारा नहीं है, उसका मालिक ताकतवर हो, उसे कोई हानि पहुंचाने की नहीं सोच सकता। जिसका मालिक अनंत, अथाह और सर्वशक्तिमान गुरू गोबिंद सिंह हो तो वह धारक भी महान् है क्योंकि उसका मालिक महान् है।

कड़ा धारक को याद करवाता है कि ज़िन्दगी का अर्थ है संघर्ष करना परन्तु जीत– हार प्रभु जी के हाथ में है। धारक ने केवल मेहनत करनी है। उसे सत्य और पवित्र गुर–सिद्धांतों के लिए हर प्रकार से दृढ़ता से मुकाबला करना चाहिए परन्तु प्रभु जी जैसा भी परिणाम दे, उनसे शिकायत नही करनी चाहिए और ना ही उलाहना देना चाहिए। फरमान है :

मारै राखै ऐको आपि
मानुख कै किछु नाही हाथि।।

(अंग 281)

जिस प्रकार पहले गोल दायरे को मंडल कहा गया है, यदि हम सोच कर देखें कि मनुष्य ने नवीन और आधुनिक सभ्यता का जो महल खड़ा किया है, उस में से मशीनों के गोल पहिए अलग कर दिए जाए तो यह सारा महल इस प्रकार से गिर जाएगा मानो ताश के पत्तों से बना हुआ घर। कई देशों के झंडों में गोल दायरे के निशान हैं। श्री गुरू गोबिंद सिंह जी ने खुशहाली का चिन्ह सिखों के हाथ में पहना दिया है। इस बख्शिश कारण ही सिखों ने संसार में सभी स्थानों पर जा कर उद्यमी, औद्योगिक, हौंसले भरा भाईचारे और बराबरी का समाज व भाईचारे का निर्माण किया और बहुत तरक्की की, भले वे गिनती में कम ही क्यों ना हो।

अन्य धर्मों में भी गोल दायरे के मंडल मिलते हैं। रोमन गुबंद को

ईश्वरी, शाही और साम्राज्सवादी शक्ति का प्रतीक मानते है। यह गुबंद इस्लाम में भी मिलते है। हिन्दू धर्म में भी बहुत मंडल है, शिवजी के गले में पड़ा सांप भी एक मंडल है।

श्री गुरू ग्रंथ साहिब जी का पहला अक्षर जो गुरमुखी में लिखा हुआ है, यदि हम उसे ध्यान से देखे तो ऐसा प्रतीत होता है कि जैसे एक ज़ीरो भाव मंडल को उठा कर बैठा हुआ है या एक के ऊपर ज़ीरो है। इसलिए 1 एक से पहले ज़ीरो था भाव शून्य था। जितने भी मंगल श्री गुरू ग्रंथ साहिब जी में है, सभी के सभी एकओंकार से ही आरंभ होते है, अन्य में कुछ अंतर हो सकता है, परन्तु सारे मंगलों की शुरूआत ੴ से ही हुई है। श्री गुरू नानक देव जी साहिब जी ने पहले बाणी भी गोल मंडल से ही आरंभ की थी। इसलिए ये सभी मंडल महान है।

बहुत सारे धर्मों के चिन्ह्नों का अध्ययन करने से पता चलता है कि वह गोल दायरे भाव मंडल को पवित्र ईश्वरी व दिव्य महानता का चिन्ह्न मानते है। इसी प्रकार कड़ा पहनने वाले को सर्वोत्तम ईश्वरी दिव्य शक्ति की याद आती है। श्री गुरू गोबिंद सिंह जी ने कड़े के रूप में ऐसी निराली और अद्‌भुत दात सिखों को बख्शिश की है, जिसे सारी मानवता अति उत्तम समझ कर पहनने की अभिलाषा रखती है।

किरपान

किरपान अत्यन्त पवित्र ककार है, इसे सदा गातरे में सजा कर अपने अंग–संग रखना चाहिए। किरपान अकाल पुरख का शस्त्र है। इसे शरीर से दूर नहीं करना चाहिए ताकि अकाल पुरख और गुरू साहिब में अभेद सिख भी हर समय उनके साथ ही हो। सिख को इस बात का भरोसा होना चाहिए कि गुरू साहिब जी हर समय मेरे अंग–संग है। फरमान भी है :

गुरु मेरै संगि सदा है नाले ।।
सिमरि सिमरि तिसु सदा सम्ाले।।

(अंग 394)

श्री गुरू गोबिंद सिंह जी ने खालसे को संत सिपाही बनाया है। यदि वह केवल संत हो तो वह बुज़दिल हो सकता है और यदि केवल सिपाही हो तो वह ज़ालिम बन सकता है। इतिहास में कई केवल सिपाही हुए और उनके कदमों ने बर्बादी को जन्म दिया और कांटे ही कांटे बीज दिए, परन्तु जब कोई संत–सिपाही बनता है तो उसे के मज़लूम की रक्षा होती है और मुल्क की तामीर होती है। सतिगुरू जी ने संत को सिपाही बनाया और जहां संत–सत्ता के लिए बाणियों का नितनेम लाज़मी किया, वहीं पर सिपाही का प्रतीक शस्त्र किरपान बख्शी है। अब समझते है कि किरपान कैसे बनती है :

किरपान बनाना भी अपने आप में एक कला है, कई किरपानें और अन्य शस्त्र बनाने की कई परिवारों का पुश्तैनी काम है जो कि पीढ़ी दर पीढ़ी चलता है। कई फैक्ट्रियों की तरह कई कामियों के पास किरपान हाथों–हाथ जाती है और एक किरपान बनाने के लिए 25–30 हाथों से गुज़रती है। किरपान पट्टी की भी और कमानी की भी बनती है जैसे ट्रक की कमानी होती है और लुहार से तह करके आती है और फिर ग्राईंड पर पत्थर कटाई होती है और उसके बाद कटाई पॉलिश होती है और

फिर निकल करते है और फिर बफ मारते है, घिसाई और मूठ का काम होता है। फिर म्यान का काम होता है। पुरातन समय किरपान सरब लोह की ही बनती थी जोकि शुद्ध सुच्चा लोहा होता है परन्तु आज कल स्टील की अधिक सजावट व डैकोरेशन के तौर पर बनती है। विवाह पर पकड़ने के लिए बढ़िया से बढ़िया ऊपर से सुंदर दिखाई वाली किरपानें बनती है। किरपान आम तौर से 5 इंच से ले कर तकरीबन 36 इंच तक बनती है परन्तु खास तौर स्पैशल कई ऑर्डर दे कर 45 इंच से 48 इंच की भी बनवाते है। नए से नए डिज़ाईन नित्यप्रति बनाए जाते है। पुरातन समय बहुत अदब सत्कार किरपान को दिया जाता था और अब भी सूझ रखने वाले ऐसा ही सत्कार देते है।

जैसे हमारे शरीर पर कपड़ों का प्रभाव पड़ता है, सूती और ऊनी आदि कपड़ों का, इसी प्रकार किरपान का भी अपना प्रभाव है। यह वीर–रस को बनाए रखता है। यदि वीर रस भीतर से ही समाप्त हो गया तब वह ना अपनी सुरक्षा कर पाएगा ना ही दूसरों की, ना परिवार की रक्षा कर पाएगा और ना देश, अपनी कौम और ना ही शोषितों की ही। सिख दुनिया में जहां भी गए, अपनी मेहनत से तरक्की की और सारे संसार में खुशहाली लाए। अपनी चढ़दी कला सोच के साथ, किसी के साथ कभी कोई भेदभाव नहीं किया। सतिगुरू जी के आदर्शों को अपना कर नाम जपना, धर्म की किरत करना और वंड कर भाव बांट कर छकना और सर्व साझीवालता के गुण देख कर सभी प्रभावित हुए बिना न रह पाए। भाई घन्हैया जी की सोच में गुरू साहिब जी की सोच ही समाई है कि किसी को भी पराया या दुश्मन नहीं समझना, ऐसी और कोई मिसाल कहीं नहीं मिलती। खालसा क्योंकि अकाल पुरख की फौज है और फौज हमेशा हथियारबंद होती है, इसलिए वह भी अकाल पुरख की तरह सर्वदेशीय भी है। भले आधुनिक हथियार और भी होंगे परन्तु सतिगुरू जी ने हमें किरपान की बख्शिश की है ताकि सदा वीर रस की भावना बनी रहे। वीर रस ही ना हो तो हाथ में बड़े–बड़े हथियार भी अर्थहीन हो जाते है, व्यर्थ हो जाते है।

किरपान हाथ में पकड़ने से करोड़ों पाप वैसे ही टल जाते है क्योंकि किरपान अकाल पुरख की आदि शक्ति है। आदि शक्ति जिसे कुदरत भी

कहा गया है। दसवें पातशाह जी ने इसे चंडी कहा और "श्री भगउुती जी सहायि" कहा और कहा कि यह आदि शक्ति किरपान ही है। करोड़ो पापों को टालने वाली लोहे की किरपान पास रखनी चाहिए, प्रत्यक्ष रक्षा होती है और अप्रत्यक्ष आत्माओं से भी रक्षा होती है। फरमान है :

क्रिपान पान धारीयं करोर पाप टारीयं।।

(दसम ग्रंथ)

किरपान तिरछे ढंग से कमर में पहनी जाती है। किरपान ज़िम्मेवारी की याद दिलाती है, जो निजी और समानता की हिस्सेदार, सामाजिक मेल और भाईचारे की। किरपान खतरे के समय अपनी सुरक्षा और दुश्मन से टक्कर लेते समय उपयोग की जाती है। किरपान बताती है कि खालसे के पास शक्ति और कार्य का साधन है। मूल मंत्र के गुणों अनुसार प्रभु जी की तरह खालसा भी निरभउु और निरवैर है। खालसा बदी और झूठ के साथ जूझता है और सच्चाई के साथ जुड़ता है, सच्चाई के लिए लड़ता है और मौत से नहीं डरता। खालसा गुरू के प्रतिनिधि होने का कार्य व्यवहार में प्रकट करता है। किरपान हमारी स्वै–इच्छा का प्रतीक चिन्ह है, जो यह प्रकट करता है कि किरपानधारी किसी अन्य की गुलामी नहीं कर सकता।

किरपान गरीब और ज़रूरतमंद की रक्षा के लिए उपयोग में लाई जाती है। किरपान का यह भी मकसद है कि यदि कहीं किसी के साथ बेइंसाफी हो रही हो तो उस के हक में अपनी आवाज़ उठानी चाहिए परन्तु यह तलवार नहीं किरपान है जोकि किरपा और आन के शब्दों का सुमेल है। श्री गुरू गोबिंद सिंह जी फरमाते है कि जब अन्य सभी रास्ते और तरीके असफल हो जाए तो तलवार हाथ में पकड़ना ही इंसाफ है, धर्म है। फरमान है :

चु कार अज़ हमह हीलते दर गुज़षत।।
हलाल असत बुरदन ब षमषीर दसत।। 22।।

(दसम ग्रंथ)

किरपानधारी स्त्रियां भी किसी प्रकार से पुरुषों से कम नहीं है। सतिगुरू जी ने शुरू से ही उन्हें बराबरी बख्शिश की है। पुरातन समय में जातपात के बंधन के कारण शूद्र और स्त्रियां अपने पास किरपान रखने का सपना

भी नहीं ले सकते थे। गुरू साहिब जी ने उसी खंडे बाटे के अमृत से सभी स्त्रियों को भी एक ही बाटे से अमृत की दात बख्शिश की। वर्तमान समय में देखा जाए तो स्त्रियों को वोट देने का अधिकार लगभग 1920 के आसपास प्राप्त हुआ। सतिगुरू जी ने इज्ज़त –मान और बिना किसी डर के गौरवमय ढंग से एक ही प्रकार की जीवन प्रक्रिया की बख्शिश स्त्री व पुरुष को समान रूप से की। कोई भी उच्च रुतबे या ओहदेदार नहीं, सभी एक समान है। किरपानधारी स्त्री किसी भी प्रकार से पुरुष की संपत्ति नहीं। ऐसा केवल गुरू साहिबान और खालसा के क्षेत्र मंडल में ही देखने को मिलता है।

किरपान सिख छठे पातशाह श्री हरिगोबिंद साहिब जी के समय से धारण कर रहे है। पांचवे पातशाह श्री गुरू अर्जन देव साहब जी की शहीदी के उपरांत श्री गुरू हरिगोबिंद साहिब जी ने सिखों को बढ़िया घोड़े, हथियार और जवानियां भेंट करने के लिए हुक्म दिया, अपनी फौज बनाई, सिखों को सैन्य प्रशिक्षण दिया। चार जंग हुक्मत के साथ लड़ी और जीत प्राप्त की। सिखों के हौंसले बुलंद हो गए। सभी सिखों को शस्त्र रखने को कहा गया जबकि दसवें पातशाह जी ने इसे रहत का आवश्यक अंग बना दिया।

श्री गुरू हरिगोबिंद साहिब जी ने मीरी पीरी की दो तलवारें धारण की। श्री गुरू हरिगोबिंद साहिब जी के समय नथा और अब्दुला ढाडी की लिखी वार की कुछ पक्तियां इस प्रकार से है :

दो तलवारां बधीआं इक मीर दी इक पीर दी।
इक अज़मत दी इक राज दी इक राखी करे वज़ीर दी।
हिंमत बारां कोट गड़ दरवाज़ा बलख बखीर दी।
कटक सिपाही नील नाल मार दुषटां करे तगीर दी।
पग्ग तेरी की जहांगीर दी।

बाबा बुढ़ा जी ने पहले 44 इंच की पीरी पहनाई, फिर 42 इंच की मीरी पहनाई। पीरी धर्म को मीरी बादशाहत से ऊपर रखा जैसे कि दो निशान साहिब है, अकाल तख्त के निकट। उनमें से भी हरिमंदर साहिब की ओर का निशान ऊंचा है, अकाल तख्त वाले निशान साहिब से । श्री गुरू हरिगोबिंद साहिब जी डेढ़ फुट की किरपान हमेशा गातरे में रखा

करते थे। बाबा बुढ़ा जी सवा फुट की किरपान गातरे में रखते थे। अकाल तख्त में इन शस्त्रों के दर्शन करवाए जाते है और अन्य शस्त्रों के भी, जिनमें शहीद बाबा दीप सिंह जी के कई शस्त्र भी शामिल है। हाज़िर हजूर श्री गुरू ग्रंथ साहिब जी के आगे भी बड़ी किरपान रखी जाती है।

श्री गुरू हरिगोबिंद साहिब जी ने अकाल पुरख प्रभु जी के लिए अकाल तख्त तैयार करवाया, जिसे स्वयं, बाबा बुढ़ा जी और भाई गुरदास जी ने मिल कर तैयार किया। गुरमुखों से सुना गया है कि गुरू साहिब जी ने अकाल पुरख प्रभु जी को विनती की कि आप तख्त पर बिराजमान हो। निर्गुण प्रभु जी ने सर्गुण रूप में दर्शन दिए, परन्तु यह साक्षात् दर्शन केवल गुरू जी, बाबा बुढ़ा जी, भाई गुरदास जी और माता गंगा जी को ही हुए। अकाल पुरख प्रभु जी ने गुरू साहिब जी को अपने साथ बिठा लिया और फरमान किया कि आपके बाद इस तख्त पर केवल शस्त्र ही शोभायमान किए जाएं, शस्त्र हमारा ही रूप है। अन्य तख्तों पर भी शस्त्र सजाए गए।

पीरी आत्मिक और मीरी बादशाही तलवारें किरपान का ही प्रतीक चिन्ह्व है। यहां यह भी कहना उचित होगा कि अकाल तख्त की सृर्जना इस प्रकार की गई है कि अकाल तख्त से श्री हरिमंदर साहिब के साक्षात् दर्शन होते है परन्तु हरिमंदर साहिब से अकाल तख्त दिखाई नहीं देता। इसका अर्थ यह है कि धर्म प्रमुख है और बादशाही को सदा धर्म के अध ीन ही चलना चाहिए। सिख भले कितना ही बड़ा राजा, मंत्री हो जाए परन्तु उसके लिए पहले धर्म और फिर सियासत आती है। परन्तु वर्तमान समय में बदकिस्मती से यह काम उल्टा हो गया है। इसी कारण सिख धर्म की जितनी श्लाघा व तरक्की होनी चाहिए थी, वह नहीं हो रही। आत्मिकता खंडे की धार पर चलने समान है। मन को टिकाना तलवार की धार पर खेलने समान है। इस संबंधी बाबा फरीद जी का फरमान भी है :

वाट हमारी खरी उडीणी।।
खंनिअहु तिखी बहुतु पिईणी।।

(अंग 794)

जिसने मन को साध लिया, उसकी किरपान जुल्म नहीं करेगी, बल्कि जुल्म को रोकेगी। इतिहास गवाह है छठे और दसवें सतिगुरू ने युद्ध

किए, जीत प्राप्त की परन्तु कभी किसी का कोई इलाका ज़ोर से नहीं दबाया और शरण में आए को माफ कर दिया।

श्री गुरू गोबिंद सिंह जी ने शस्त्रों को, किरपान को नमस्कार की है और शस्त्रों को अकाल प्रभु के रूप में ही निरूपण किया है। किरपान प्रभु का प्रतीक है क्योंकि प्रभु ही अज्ञान का नाश करता है कुछ उन के द्वारा उच्चारित बाणी में फरमान नीचे दर्ज़ किए जाते है, जो यह साबित करते है :

खग खंड बिहंडं खल दल खंडं अति रण मंडं बर बंडं।।
भुज दंडं अखंडं तेज प्रचंडं जोति अमंडं भान प्रभं।।
सुख संता करणं दुरमति दरणं किलविख हरणं असि सरणं।।
जै जै जब कारण स्रिसटि उबारण मम प्रतिपारण जै तेगं।।

(बचित्तर नाटक)

जिते ससत्र नामं ।। नमसकार तामं।।
जिते असत्र भेयं।। नमसकार तेयं।। 91।।

(बचित्तर नाटक)

असि क्रिपान खंडो खड़ग तुपक तबर अर तीर।।
सैफ सरोही सैहबी यहै हमारै पीर।। 3।।
तीर तुही सैथी तुही तुही तबर तरवारि।।
नाम तिहारो जो जपै भए सिंधु भव पार।। 4।।
काल तुही काली तुही तुही तेग अर तीर।।
तुही निसानी जीत की आज तुही जगबीर।। 5।।

(बचित्तर नाटक)

सतिगुरू जी ने शस्त्र नाम माला में बहुत सारे शस्त्रों के नाम का वर्णन किया है। सतिगुरू जी ने मंगल रूप में भी शस्त्रों की पूजा की है और अरदास की भी है और यह भी हमें सरब लोह की रक्षा है। फरमान है :

दोहरा :

नमसकार श्री खड़ग को करौं सु हितु चितु लायि।।
पूरन करौं गिरंथ इहु तुम मुहि करहु सहायि।।1।।

(बचित्तर नाटक)

अकाल पुरख की रछा हमनै।।
सरब लोह दी रछिआ हमनै।।
सरब काल जी दी रछिआ हमनै।।
सरब लोह जी दी सदा रछिआ हमनै।।

(अकाल उसतत)

अन्य बाणियों में भी सतिगुरू जी ने शस्त्रों के नाम और उनके प्रति श्रद्धा और रक्षा करने की श्लाघा का वर्णन किया है और शुरू से ही बदी और नेकी में युद्ध का वर्णन किया है जैसे चंडी की वार, चंडी चरित्र, उग्रदंती, भगउुती स्तोत्र और ब्रहम कवच में शस्त्रों के प्रति श्लाघा की है और शस्त्र को ही गुरू के रूप में प्रस्तुत किया है।

शस्त्रों को आदर–सत्कार सहित उच्च स्थान पर शोभायमान किया जाता है। पूजा इसलिए की जाती है कि सिख का जन्म खंडे से हुआ है और पिता श्री गुरू गोबिंद सिंह जी और माता साहिब कौर जी के गोद लिए पुत्र खालसे का जन्म गुरू के शब्द गुरू के विचार से हुआ है। शब्द गुरू है सिख और सिंह का जन्म गुरू से शस्त्र, खंडे से है। खालसे का स्वभाव व आत्मा, गुरू का विचार है, जिसमें दया, निर्भयता, भक्ति, ज्ञान, विज्ञान, कला, संगीत, निरवैरता और धर्म जैसे महान् गुण है। हम गुरू के विचार सहित जगत में विचरते है। सभी स्थानों पर सतिगुरू जी खालसे की श्लाघा करते है और यह कहते है कि मैं जो कह रहा हूं, वह सत्य है, गुरू नानक साहिब गवाह है परन्तु गुरू साहिब एक स्थान पर सिखों के प्रति हुक्म भी करते है कि केशों और शस्त्रों के बिना मेरे पास ना आने का फरमान भी करते है :

अहै मोर आगिआ सुनहु तुम पिआरे
बिना षस्त्र केसों देवहु न दीदारे।।

श्री गुरू गोबिंद सिंह जी समय से ही दशहरा और दीवाली पर शस्त्रों की विशोष सफाई की जाती है, यह परंपरा लगातार चली आ रही है। जब भी कोई सिख कोई नया शस्त्र हाथ में पकड़ता है, तब उसे पहले माथे से लगाता है भाव माथा टेकता है, नमस्कार करता है। किरपान गातरे में सजा कर ही रखी जाती है। जैसे कुत्ते के गले में पट्टा हो तो सभी समझ जाते है कि इसका कोई मालिक होगा, यह आवारा नहीं,

किसी का है। इसी प्रकार सिख के गले में पड़े गातरे से भी सभी को इस बात की जाानकारी मिल जाती है कि यह गुरू नानक साहिब जी, गुरू गोबिंद सिंह जी का सिख है। भाई नंद लाल जी भी अपनी रचना में अपने आप को गुरू गोबिंद सिंह का कुत्ता कहते है। रात को सोते समय भी किरपान पहने रखनी चाहिए और स्नान करते समय, स्नान करने वाली किरपान साथ में रखनी चाहिए।

एक साखी याद आ रही है, एक बार श्री गुरू गोबिंद सिंह जी जब बादशाह बहादर शाह के दरबार में गए तो उसने गुरू साहिब की प्रशंसा की और मदद का धन्यवाद किया और महान् रूहानियत के पैगबंर जान कर अपने सिंहासन पर बिठा लिया। इस बात से सैयद जो बहादर शाह को दीनी तालीम देता था, उसे बहुत चिढ़ हुई कि मुझे कभी यहां नहीं बिठाया और मुझे कभी यह सम्मान नहीं दिया जबकि मैं बादशाह का उस्ताद हूं। मैंने इसको दीनी और संसारिक इल्म पढ़ाया है। सैयद क्रोध से भर गया परन्तु वह अपना गुस्सा बादशाह पर निकाल नहीं सकता था इसलिए वह अपना गुस्सा श्री गुरू गोबिंद सिंह जी पर निकालने की कोशिश करने लगा। उसने से पूछा, महाराज, आपके पास करामात कौन है? कला कौन सी है? फकीर हो, वली अल्ला कहलाते हो? क्या है आपके पास? भले बहादर शाह भी महसूस कर रहा था कि यह सैयद गुस्ताखी कर रहा है परन्तु उस्ताद था, इसलिए चुप रहा। महाराज ने कहा, सैयद, तुम्हें करामात देखनी है? उसने कहा, हां करामात देखनी है। भाई संतोख सिंह जी ने गुरप्रताप सूरज ग्रंथ में इस ऐतिहासिक घटना का वर्णन इस प्रकार किया है। सतिगुरू जी कहते है :

मारें बखशे देर बिहीना तिस मुख मेलक अज़मत बीना।।

उन्होंने कहा, तुम दिन–रात बहादर शाह के पास रहते हो, तुम्हें करामात का पता नहीं, करामात उसके मुंह में बसती है। उसकी जुबान से शब्द निकलने पर हज़ारों लोग हाथ जोड़ कर खड़े हो जाते है उसके हुक्म मानने के लिए। एक मनुष्य हज़ारों दफा बोलता है, कोई एक भी मानने को तैयार नहीं और एक मनुष्य की जुबान से एक बोल निकलता है और हज़ारों हाथ जोड़ कर तैयार हो जाते है, मानने को, यह करामात नहीं तो और क्या है। साहिब ने कहा, देखा, करामात बहादर शाह की

जुबान में बसती है। सैयद मुस्करा कर कहने लगा, यह करामात तो फिर बहादर शाह की हुई, आपके पास क्या है? महाराज जी ने जेब से सोने की मोहर निकाली, जिसे मुगल बादशाह दीनार कहते थे। सतिगुरू जी ने फरमाया :

पिख दीनार जो हाथ हमारे इहु अज़मत लेहु दुती विचारे।।

यह करामात है, अज़मत है, सारे संसार की भागदौड़ धन है और संसार में एक नंबर की शक्ति धन है, यही करामात है। इससे चाहो कुछ भी कर लो जगत में। कवि संतोख सिंह जी लिखते है, आगे सैयद ने कहा :

सुन सयद बोलिउ तज मोन तुम में करामात है कउुन?

यह करामात पैसे की हो गई, वह करामात बहादर शाह की हो गई, आपमें क्या है। सैयद बाज नहीं आ रहा था, सवाल पर सवाल करता गया। आप क्या करामात रखते हो? महाराज ने कहा, तुम हमारी करामात देखना चाहते हो। सैयद ने हामी भरी। गुरू साहिब ने कहा, फिर इन्कार मत करना, जब हम दिखाने लगे। तब सैयद ने कहा, मैं इन्कार नहीं करूंगा। मैं देखना चाहता हूं। कवि जी आगे लिखते है :

सुन सतिगुर शमशीर निकासी सभ महि छटा समान प्रगासी।।

महाराज ने म्यान से तलवार निकाली, वह ऐसे चमकी जैसे बादलों में बिजली चमकती है :

तत छिन बदन पीत हुयि गए लोचन समुख न करते भए।।

सभी के चेहरे पीले पड़ गए, यह क्या हो रहा है। बहादर शाह भी सिर झुका कर बैठ गया, यह क्या हो गया। अब सतिगुरू जी सैयद को मुखातिब हो कर कहते है :

तेज दिपत श्री मुख ते कहैं ऐह भी करामात इक हैं।।

हमारे पास ये करामात है, ये शस्त्र! अब तू बोल तो करामात दिखाएं। मैं तुम्हें इसकी करामात दिखाऊं। सैयद कांपने लगा, हाथ जोड़ने लगा, नहीं महाराज! मैं तो आप से वार्तालाप कर रहा था, आप जी के साथ बचन बिलास कर रहा था। सतिगुरू जी कहा, बचन बिलास की बात नहीं, अब तुम बोलो करामात मैं दिखाऊं। सैयद अब बार–बार हाथ जोड़ने लगा। सतिगुरू जी बहादर शाह से कहा, ऐसे अनेक खोखले नाटक, इसे देखकर ठंडे पड़ जाते है। यह है करामात।

हमारे देश भारत के नीतिवान विद्वान चाणक्य, भरथरी और विदुर ने भी मान–अभिमान का ज़िक्र किया है। मान वहां होता है, जहां आन हो। ये दोनों एक साथ रहते है। भले यह धन को पहले रखते है और बाद में शरीरिक आन, बौद्धिक मान और राजनीतिक मान आदि का बयान करते है।

परन्तु सिखों की अरदास में विद्वानों, पंथ प्यारों ने यह शब्द जोड़े है, हे निमाणिओं दे माण, निताणियों दे ताण, सच्चे पिता वाहिगुरू जी। इसी प्रकार ही गुरू अर्जन साहिब जी फरमाते है कि हे प्रभु जी! मेरी नानक की टेक ताण माण भाव मान–अभिमान आप ही है :

चरन कमल अधारु जन का रासि पूंजी ऐक।।
ताणु माणु दीबाणु साचा नानक की प्रभ टेक।।

(अंग 675)

एक अन्य शब्द में सभी मान और अभिमान की विनती करने का हमें सलीका सिखाते है कि हे प्रभु जी! आपके घर में सब कुछ है और हमारा आप के साथ प्रेम है, इसलिए बख्शिश की :

मानु मांगउ तानु मांगउ धनु लखमी सुत देह।।

(अंग 1307)

प्रत्येक सिख को चाहिए है कि किरपान का पूरा अदब रखना है । कभी भी कोई सब्जी या फल काटने के लिए या कीलें ठोंकने इत्यादि के लिए इसका इस्तेमाल नहीं करना चाहिए। किरपान को गातरे में रखना है, जिस प्रकार कुत्ते के गले में पट्टा होता है, जिससे पता लगता है कि इसका एक मालिक है, यह आवारा नहीं है। उसी प्रकार हमारे धर्म के पिता श्री गुरू गोबिंद सिंह जी हमारे मालिक है, उन्होंने हमें प्रेम की इस निशानी की बख्शिश की है। भाई नंद लाल जी अपने आप को गुरू गोबिंद सिंह का कुत्ता कहते है। भाई साहिब जी की गंजनामा नामक रचना में दो शेयर ऐसे मिलते है :

लाअल सगे गुलामि गुर गोबिंद सिंह
दागदारि नामि गुर गोबिंद सिंह।।
कमतरी ज़ि सिंधानि गुर गोबिंद सिंह
रेज़ा–चीनि खाब्नि गुर गोबिंद सिंह।।

भक्त श्री कबीर जी अपने आप को प्रभु जी के कुत्ता कहते है और

कहते है कि मोती मेरा नाम है :

कबीर कूकरु राम को मुतीआ मेरो नाउु।।
गले हमारे जेवरी जह खिंचै तह जाउु।। 74।।

(अंग 1368)

हम कूकर तेरे दरबारि।।
भउुकहि आगै बदनु पसारि।।

(अंग 969)

अपने आप को इस प्रकार नम्रता में ले आना जैसे श्री गुरू नानक साहिब जी बिलावल राग में फरमाते है कि बहुत सारे कुत्तों में मैं अजनबी हूं और अजनबी कुत्ते पर दूसरे कुत्ते झपट उठेगे, यदि मुझ से भक्ति न की जा सकी, परन्तु फिर भी मेरा मालिक तू ही है। फरमान है :

ऐते कूकर हउु बेगाना भउुका इसु तन ताई।।
भगति हीणु नानकु जे होयिगा ता खसमै नाउु न जाई।।

(अंग 795)

इसी प्रकार हमें इन पांच विकारों से बचना चाहिए, जैसे बाणी से नाम रस, शांत रस प्राप्त होता है, उसी प्रकार किरपान से सहजतापूर्वक वीर रस लगातार प्राप्त होता रहता है। किरपान बगल का हथियार है। किरपान कम से कम 9 इंच अवश्य होनी चाहिए जो आवश्यकता पड़ने पर रक्षा कर सके। किरपान चोले या कमीज़ के ऊपर पहननी चाहिए। यहां अपने कुछ अनुभवों का उल्लेख करना चाहूंगा :

एक बार मैं देर रात को गुरुद्वारा साहिब से आ रहा था। कीर्त्तन का समागम लंबा हो गया था। सचखंडवासी संत बाबा हरबंस सिंह जी डुमेली वालों की संगत से उठ कर मैं मस्ती की अवस्था में मैंने गाड़ी को पेट्रोल स्टेशन पर खड़ा किया ताकि डीज़ल डलवा लिया जाएं। गाड़ी खड़ी करने के उपरांत मैंने ध्यान से देखा कि काउंटर के पास 8–10 काले नौजवान खड़े हैं। ये काले नौजवान किसी अकेले–दुकेले को देख कर शरारत करते और लूट भी लेते है। जबकि ये काफी गिनती में थे। परन्तु बिना डीज़ल लिए वहां से चले जाना, मेरी आत्मा ने इस कमज़ोरी और डर को स्वीकार ना किया। गुरू रक्षक है, यही सोच कर मैंने डीज़ल भरने के बाद जब काउंटर पर पैसे देने के लिए गया तो

दो–तीन नौजवानों ने मुझे आस–पास से घेरने की कोशिश की। एक ने मेरे कोट की जेब में हाथ डाला, तब कोट के नीचे कमीज़ के ऊपर पड़ी मेरी किरपान को उसका हाथ छू गया। उसने तुरन्त अपने साथियों को चेताया, इसके पास बड़ा चाकू है। (He is got a big knife) वे सभी थोड़ा परे हट गए। मैंने काउंटर पर पैसे चुकाए और सतिगुरू जी को कोटि–कोटि धन्यवाद किया कि उनकी कितनी महान बख्शिश है। आज किरपान के कारण बिना किसी झगड़े के ही मेरी रक्षा की।

सन् 1984 में दिल्ली में सिखों के साथ बहुत कत्लेआम किया गया और अन्य कई शर्मनाक घटनाएं घटी। काफी समय के बाद एक सिंह की पंजाबी टेलीविज़न चैनल पर इंटरव्यू देखी। जब ये घटनाएं घट रही थी, उसी समय उसके सामने गुंडों का एक बड़ा गिरोह आ धमका। उनके पास लाठियां और अन्य तेज हथियार थे। उस सिंह को अपनी मौत सामने दिखाई देने लगी। अब उसके पास अपने बचाव को कोई साधन नहीं था। इसी समय उसे अपने गुरू की बख्शिश की गई किरपान का ख्याल आया। उसने गुरू साहिब को याद किया और गिरोह के वार करने से पहले ही वह जोश से ऊंची आवाज़ में जैकारा लगा कर, अपनी किरपान निकाल कर उन की ओर भाग पड़ा। यह देख कर सभी गुंडे आस–पास तितर हो गए और वह सिंह इस भयानक हादसे से बच निकला।

सन् 2003 की वैसाखी के समय हम लोग इंडिया गए और कई प्रांतों के ऐतिहासिक गुरुद्वारों के दर्शन करने का सौभाग्य प्राप्त हुआ। हमारे पास टोयटा क्वालिस एयर कंडीशन खुली गाड़ी थी। मैं, मेरे मामा जी, पत्नी और उसकी बहन, कुल मिला कर हम चार जन थे। पंजाब के बाहर अन्य प्रांतों में काफी हद तक बेगाना देश ही प्रतीत होता है। मैं किरपान हमेशा कमीज़ के ऊपर ही पहनता हूं। मेरे मामा जी कमीज़ के नीचे। हम इसी बात पर विचार चर्चा कर रहे थे। मैं अपने तर्क दे रहा था, मैंने कहा, अधिकतर सिख संत महापुरुष भी किरपान कमीज़ के ऊपर ही पहनने को प्राथमिकता देते है। चलती गाड़ी गांवों और शहरों में कई लोगों ने हमें रोकने के लिए हाथ दिए परन्तु हमने ड्राईवर से कह रखा था कि हमें किसी अन्य को गाड़ी में चढ़ने नहीं देना। हमें कई लोगों ने चेतावनी दी थी कि कई स्थानों पर पंजाब के यात्रियों को

लूट लिया जाता है। हम जयपुर में रात बिता कर दूसरे लगभग शाम के समय गुज़र रहे थे कि एक व्यक्ति ने गाड़ी रोकने के लिए हाथ दिया, मैंने ड्राईवर को गाड़ी रोकने को कहा, हालांकि मेरे मामा जी ने ऐसा करने को मना किया। हमने गाड़ी रोक कर हाथ देने वाले उस बुजुर्ग सिंह को गाड़ी में बिठा लिया। मैंने मामा जी से कहा, इस बुजुर्ग सिंह ने किरपान कमीज़ के ऊपर पहन रखी थी, इसीलिए पहचान कर मैंने गाड़ी रोकने को कहा था और उन्हें गाड़ी में बिठा लिया था। कई लोग कई प्रकार की पगड़ियां बांधते है या सिर पर परना या गमछा सा लपेट लेते है, जिससे पूरी तरह से मालूम नहीं होता कि यह सिख है या नहीं। प्रदेशों में कई बार आदमी संपूर्ण सिखी सरूप वाले सिंहों को देखने के लिए तरस जाते है। उस बुजुर्ग सिंह ने हमें उस एरिया के कुछ खतरों से परिचित करवाया और पक्की हिदायत दी कि रात के समय गाड़ी ना चलाई जाए क्योंकि इस क्षेत्र में डाकूओं के कुछ गिरोह अक्सर रात के समय लोगों को लूट लेते है। वे लोग सड़क पर कीलें आदि बिखेर देते है। उसके ऊपर से गुज़रने से टायर पंचर हो जाते है। जब ड्राईवर टायर देखने के लिए गाड़ी रोकते है तो डाकू जो नजदीक ही छिपे होते है, बाहर निकल आते है और हथियार दिखा कर लूटमार कर लेते है। उसने हमें रात गुरुद्वारा सिंह सभा शिवपुरी में बिताने को कहा।

कई बार कई सिख ऐसा संशय जाहिर करते है कि अमृत तो छक लिया जाए, परन्तु रहत रखना मुश्किल लगता है परन्तु यदि सिख गुरू साहिब जी को पूर्ण तौर समर्पित हो जाए तो सतिगुरू जी रक्षा करते है। गुरू इतिहास में एक ऐसी साखी आती है, युवा भाई जोगा सिंह अपने माता–पिता के साथ पेशावर से आनंदपुर साहिब गुरू साहिब के दर्शन करने के लिए जाते है।

सतिगुरू जी नाम पूछा, जवाब दिया ''जोगा।'' पूछा, किसके ''जोगा'' है। तो उसने जवाब दिया, मैं गुरू जोगा, मैं आपके जोगा। गुरू साहिब भी कहते, तू अगर मेरे जोगा है तो गुरू भी तेरे जोगा है। कुछ साल अनंदपुर साहिब सेवा में बीत गए। इसके पिता गुरमुख सिंह ने सतिगुरू जी से विनती की कि जोगा का अनंद कारज भाव विवाह करना है, आप अनुमति दे। सतिगुरू जी से अनुमति लेकर वह पेशावर आ गए। सतिगुरू

जी ने इनके पीछे एक अन्य सिख को भेजा। अनंद कारज हो रहा था। अभी दो ही फेरे हुए थे और दो बाकी थे। उसी समय गुरू जी द्वारा भेजे गए सिंह ने उनका संदेश भाई जोगा सिंह को थमा दिया। उस पर लिखा था, 'यह संदेश पढ़ते ही उसी समय अनंदपुर की ओर रवाना हो जाओ।'

भाई जोगा सिंह अनंद कारज बीच में ही छोड़ कर चल दिए। परिवार और रिश्तेदारों की ओर से बहुत विरोध और दुख प्रकट किया गया। उन्हें कहा गया कि अनंद कारज पूरा होने पर चले जाना परन्तु गुरू साहिब जी की आज्ञा का पालन करने के लिए वह तुरन्त निकल पड़े। रास्ते में आते हुए अपने उल्लास और अभिमान के मनोभाव, विचार और तरंगें आने लगी कि मैंने तुरन्त गुरू जी के हुक्म का पालन किया। मैंने अपना विवाह बीच में ही छोड़ दिया, मेरे जैसा कौन सिख होगा। ऐसे गर्व और अभिमान में आते हुए, होशियारपुर के पास जब पहुंचे तो रात हो गई। उनके कदम एक वेश्या के चौबारे की ओर बढ़ने लगे। जब चौबारे की ओर बढ़ा तो पहरेदार ने कहा, पहनावे से (किरपान पहनी हुई थी) तो गुरू का सिंह लगता है। तेरा यहां क्या काम। जोगा सिंह सुन कर शर्मिन्दा हो गया और पीछे की ओर लौट पड़ा। उसने फिर तीन बार कोशिश की परन्तु हर मौके पर उसे वही पहरेदार दिखाई देता है।

सुबह हुई, जोगा सिंह ने शर्म महसूस की और अनंदपुर साहिब पहुंचा। दरबार में गुरू जी को नमस्कार किया। गुरू जी ने पूछा, "जोगा, रात को कहां था?" शर्मिन्दगी के कारण जोगा सिंह ने जवाब ना दिया। दुबारा पूछने पर भी जोगा सिंह चुप रहा। उस समय गुरू जी ने उसे बताया कि उन्होंने रात को पहरेदार बन कर, उसे पाप कर्म करने से रोका और उसकी रक्षा की। जोगा सिंह गुरू जी के चरणों में गिर पड़ा और अपने किए की माफी मांगी कि सतिगुरू जी बख्श दो। सतिगुरू जी ने माफ करके उपदेश दिया कि सिख को सदा नम्रता में, गुरू की आज्ञा में और रहत में रहना चाहिए। अभिमान के कारण ही ऐसी भावनाएं मन में प्रकट होने लगती है, जो मनुष्य को रसातल में ला फेंकती है। सतिगुरू जी के इस बडप्पन के कारण ही वही चौबारा अब होशियारपुर में गुरुद्वारा चौबारा साहिब के नाम से जाना जाता है। भाई जोगा सिंह जी के नाम पर पेशावर में एक भी एक गुरुद्वारा है। यहां यह भी बता दूं कि यदि

कोई सिख गुरू के जोगा बन जाए तो परीक्षा की घड़ी में, उसकी रक्षा स्वयं गुरू साहिब करते है। गुरू जी पर ही आसरा रखने और नम्रतापूर्वक उनके समक्ष ही विनती करे। फरमान है :

मोह चाकड़ि फाथे निघरत हम जाते हरि बांह प्रभू पकरायि जीउ।।
(अंग 446)

सरब लोह की किरपान से ही लंगर और प्रशादि को भोग लगाया जाता है। जब श्री गुरू गोबिंद सिंह जी उच्च के पीर बन कर गए, तब मुगल फौज गुरू साहिब को तलाश कर रही थी। जब गनी खां और नबी खां ने भाई दया सिंह, भाई धरम सिंह मंजी पर गुरू साहिब को बिठा कर ले जा रहे थे। उच्च के पीर साबत सूरत रहते है। इसी कारण मुगलों को शक ना हुआ। कहा जाता है कि उन्होंने कहा, उच्च के पीर हमारे साथ आकर भोजन करे। तब मुरीदों ने कहा, पीर केवल एक चावल ही खाते है और आज इनका रोज़ा है। इस पर उन्होंने मुरीद उनके साथ आकर भोजन करें। गुरू साहिब की ओर से अनुमति मिलने पर भाई दया सिंह जी ने अरदास करके यह पंक्ति कही, ''गुर परसादि भरम का नासु।'' (अंग 294) किरपान भेट करके भोजन छक लिया। यहां अब गुरुद्वारा किरपान भेट साहिब माछीवाड़े में स्थित है। इस प्रकार भी कहा जाता है कि मर्यादा अनुसार लंगर बनाने के सुख–साधन नही है क्योंकि मुगल फौज शिकारियों की भांति पीछे लगी हुई थी। उस समय से यही मर्यादा गुरू साहिब जी की स्वीकृति से, अरदास करके लंगर और प्रशादि को भोग लगाने की परंपरा आरंभ हुई। सिख महसूस करते है कि शुद्धता से भोजन तैयार किया गया है, सतिगुरू जी, अकाल पुरख जी भोग लगाएं ताकि बाद में प्रशादि और लंगर संगत में वितरित किया जा सके। फरमान है :

करी पाकसाल सोच पवित्रा हुणि लावहु भोगु हरि राऐ।।
(अंग 1266)

यहां यह भी बताना चाहता हूं कि पंडित पत्थर की अलग–अलग मूर्तियों के मुंह को लगा कर, बाद में स्वयं ही उसे खा लेता है और बाद में पत्थर के भगवान् के मुंह पर राख मल दी जाती है ताकि कीड़े –मकौड़े देवताओं की मूर्तियों से चिपक ना जाए। भक्त कबीर जी आसा

राग में इसका ज़िक्र करते है :

भातु पहिति अरु लापसी करकरा कासारु।।
भोगनहारे भोगिआ इसु मूरत के मुख छारु।।

(अंग 479)

मैं 1984 के आंरभ में संत जरनैल सिंह जी के दर्शन किए और उनके बचन सुने। उस समय वह गुरू नानक निवास में रह रहे थे। उनका कहना था कि सिंहों को किरपान के अलावा अन्य हथियार रिवाल्वर और बंदूकों आदि रखने चाहिए। एक सिंह ने हिम्मत करके उन को परिचित करवाया कि वह रखना तो चाहता है परन्तु सरकार से लाइसेंस नहीं मिल रहा। इस प्रकार संत जी ने कहा कि, सिंह जी आप बताओ क्या श्री गुरू गोबिंद सिंह जी ने औरंगज़ेब से लाइसेंस लिया था?

जब 1984 में श्री दरबार साहिब पर हमला हुआ, तब विदेशों में रहने वाले बहुत सारे नौजवान हथियारों की ओर आकर्षित हुए। श्री दरबार साहिब की बेअदबी और धार्मिक सिख फौजियों द्वारा नौकरियों को लात मार करके श्री दरबार साहिब की ओर चल दिए, सिखों को जीवित जला दिया गया, स्त्रियां की बेइज्ज़ती की गई, अन्य गुर–स्थानों का अपमान किया गया। इंग्लैंड में भी बहुत सारे सिखों ने शूटिंग सीखना शुरू कर दिया और सरकार से हथियार रखने के लाइसेंस बनवा लिए। दास को भी तीन हथियार रखने का लाइसेंस प्राप्त हो गए। एक शाम मैं सैंडवल शूटिंग सेंटर में प्रैक्टिस करने के बाद रिवाल्वर कार में रखने की बजाय उसी प्रकार पेटी में रिवाल्वर बंधे ही गुरुद्वारा साहिब चला गया। (मैंने विल्वर रखने की पेटी दाहिनी ओर बनवाई थी क्योंकि बाई ओर श्री साहिब भाव किरपान होती है।) या इस प्रकार भी कह सकते है कि जिनका बायां हाथ अधिक प्रयोग होता है, वह इसी प्रकार इसे पहनते है। प्रैक्टिस समय 50 या 100 मीटर की दूरी पर लक्ष्य रख कर निशाना लगाया जाता था, जिसे 4 नंबर से लेकर 10 नंबर तक (सबसे बढ़िया) में बांटा जाता है। अत्याधिक सुरक्षा सहित इन हथियारों को रखने की इजाज़त मिलती है। दीवान के बाद बाबा जी संत हरबंस सिंह जी डुमेली वालों ने भी रिवाल्वर देखने की इच्छा प्रकट की। तब मैंने उन्हें दिखाया। हाथ में लेकर उसका भार, चलाने का तरीका और निशाना आदि के बेरे में बातें

की। फिर वापस करते हुए उन्होंने कहा, सिंहों के पास हथियार चाहिए ही हैं। दसवें पातशाह जी ने इन्हें पीर कहा और बहुत श्लाघा की है।

बाद में इंग्लैंड में एक व्यक्ति ने पागलपन और जनून में आ कर बहुत सारे लोगों को हंगरफोर्ड में गोलियां चला कर मार दिया, जिनमें बहुत सारे बच्चे भी थे। तब सरकार ने जनता के दबाव तले सारे हथियार लाइसेंस अधिकारियों से कीमत अदा करके वापस खरीद लिए।

किरपान हमें सदा काल की याद करवाती है। अपनी रक्षा के लिए ढ़ाल की भांति है। गरीबों और शोषितों की रक्षा के लिए किरपान का प्रयोग किया जाए परन्तु अत्यन्त संयम व धीरज बना रहे। किरपान दुखी व्यक्ति की रक्षा के लिए है और बुरे के लिए भारी पड़ती है। देखा जाए तो अधिकतर अवतारों के पास भी कोई न कोई शस्त्र है। रामचंद्र जी के पास धनुषबाण है, कृष्ण जी के पास सुदर्शन चक्र है, हनुमान के पास गदा है, परसराम के पास कुल्हाड़ी है और मुहम्मद साहिब जी की तलवार का ज़िक्र भी सरब लोह में आता है।

गुरू नानक निष्काम सेवक जत्था बरमिंधम इंग्लैंड के प्रधान भाई साहिब मुहिंदर सिंह जी कुछ साथियों सहित पोप से मिलने के लिए इटली के वैटिकन में गए। तब वे सिख परंपरा अनुसार, आदर–सत्कार सहित श्री साहिब भाव किरपान पोप को भेंट करने के लिए ले कर गए। वहां के वैटिकन के प्रबंधक जो इस प्रथा से परिचित नहीं थे और कहा, आप कोई नर्म वस्तु नही भेंट कर सकते। तब भाई साहिब ने कहा, क्या हम टैडी बीयर ले कर आए? भाई साहिब जी ने यह वार्त्ता स्वयं बरमिंघम यूनीवर्सिटी में अगस्त 2019 श्री गुरू नानक साहिब जी के 550 वर्षीय समागम में सुनाई, सारी संगत यह बात सुन कर हंस दी। (इसी समागम दौरान ही मेरी पुस्तक ''मूल मंत्र विचार'' संगत को अर्पित की गई थी।)

किसी व्यक्ति को मान–सम्मान देने के लिए किरपान भेंट की जाती है। तख्त साहिबान के जत्थेदार अपने पास बड़ी किरपान रखते है। किरपान खालसा को धार्मिक आज़ादी, न्याय और दयालुता के लिए डट कर खड़े होने की याद दिलाती है। किरपान बहादुरी, साहस, स्वाभिमान और आत्मरक्षा का प्रतीक है। वह सिख को याद दिलाती है कि वह केवल संत नहीं है, गुरू साहिब ने उसे संत सिपाही बनाया है। उसे

सदाचारी नियमों और सूझ से अपने कर्त्तव्य का पालन करना है। सिखी की कद्रों–कीमतों को बरकरार रखने के लिए हर प्रकार की कुर्बानी के लिए तैयार रहना चाहिए। किरपान किसी पर व्यर्थ में हमला करने के लिए नहीं है। यह कृपा–आन है, बख्शिश करने के लिए।

किरपान ऐसा आत्मिक और अध्यात्मिक चिन्ह है, जो कि सिख के दिल और दिमाग से नकारात्मक सोच से बाहर निकलने की प्रतिज्ञा करती है। किरपान बाईं ओर पहनी जाती है। शरीर का बायां हिस्सा नर्म और कोमल होता है नारी की तरह, जोकि संवेदनशील, आंतरिक, निज़ी भावनाओं को समाए रखने की अधिक सकारात्मक निश्चयवान शक्ति रखता है। बाईं ओर क्योंकि अधिक संवेदनशील है, जो कभी कभी नकारात्मक विचार भी प्रभावित करते है। उस समय लोहे की किरपान रक्षा करने के लिए प्रतीकात्मक विचारशील शक्ति की मदद करने के लिए प्रदान की जाती है। किरपान दायें हाथ से निकाली जाती है और प्रयोग में लाई जाती है, जो कि पुरुषत्व का रक्षक क्रियाशील उद्यमी और सतर्क हिस्सा होता है।

पुरातन लोकधाराएं भी इस बात की प्रौढ़ता करती है कि लोहा प्रेत आत्माओं से पुरुषत्व व बहादुरी से रक्षा करता है। लोहा धारक से बद आत्माएं भी दूर ही रहती है। यह पितृात्मक परंपरा है कि कब्रिस्तान के आसपास लोहे के जंगले व गेट लगाए जाते है ताकि आत्माएं जीवित व्यक्ति से दूर ही रहें। घर के आगे घोड़े की नाल **Horse shoe** लगाना का तात्पर्य यही है कि इस घर में बुरी आत्माएं भीतर घुस न पाएं परन्तु बाद में इसे सौभाग्यशाली होने का नाम दे दिया गया। इसमें सात छेक रखे जाते है, कीलें लगाने के लिए और सात नंबर को दुनिया में बहुत सारी दुनिया में सौभाग्यशाली माना जाता है। मलाया में कई गर्भवती औरतें अपने बालों में लोहें की कील लगवाती है और सुरक्षा के लिहाज़ से या लोहे का चाकू अपने पास रखती है। माना जाता है कि बद आत्माएं प्रकट होकर बिजलायी–चुंबकीय (Electromagnetic) शक्ति का प्रयोग करती है, लोहे के साथ छूने से उनकी वह शक्ति क्षीण हो जाती है।

श्री गुरू गोबिंद सिंह जी ने अनंदपुर साहिब के आसपास सुरक्षा हेतु छह किले बनवाए थे। मजबूती के हिसाब से लौहगढ़ किला, अनंदगढ़ किले के बाद अधिक मजबूत किला था। इस लौहगढ़ किले में लोहे

के हथियार बनाए जाते थे। यह गोला बारूद का भी कारखाना था। इस किले का दरवाज़ा तोड़ने के लिए पहाड़ी राजाओं द्वारा मस्त हाथी भेजा गया था, जिसका मुकाबला भाई बचित्तर सिंह ने गुरू साहिब के आर्शीवाद से अकेले ही किया था। हाथी के माथे पर लोहे की प्लेटें बांधी गई थी। सतिगुरू जी ने बचित्तर सिंह को नागनी बरछा दिया और उसे प्रयोग करने का ढंग भी बताया। हाथी के माथे पर नागनी बरछा लगते ही हाथी पीछे की ओर लौट पड़ा और पहाड़ी व मुगल सिपाहियों को कुचलते हुए भाग खड़ा हुआ।

सबसे पुरानी तलवार तुर्की से मिली मानी जाती है, जो कि 3300 बी.सी. की बनी हुई लगती थी। सबसे बढ़िया तलवारें जापान की बनी मानी जाती है, जिन का नाम MASAMUNE कहा जाता है। माना जाता है कि यह एक शोगन SHOGUN जापानी सैनापति से दूसरे शोगन सैनापति को विरासती तरीके से सौंपी जाती है। दुनिया के कई म्यूज़ियमों में पुरातन हथ्यिार व तलवारें रखी मिलती हैं। लगभग 50 साल पहले चीन में एक कब्र से एक तलवार मिली, जिसे लगभग 2000 साल पुराना माना जाता है, इसे GOUJAIN का नाम दिया गया। इस पर जंगाल का नामो–निशान भी नहीं था और यह उत्तम कारीगरी का नमूना थी। इतनी पुरानी होने पर भी जब पुरातत्व वैज्ञानिक Archaeologist ने इसकी धार पर उंगुली फिराई तो वहां से खून निकल आया। यह बादशाह GOUJAIN की तलवार मानी जाती है। इसे चीन के विरासती खज़ाने में रखा गया। दुनिया के इतिहास में और भी कई तलवारों का उल्लेख मिलता है, जिनकी म्यान पर बहुमूल्य हीरे मोती जड़े मिलते हैं, जो बादशाहों का तलवारों के प्रति प्रेम को प्रकट करता है। कई तलवारें किसी खास जरनैल द्वारा किसी खास युद्ध में प्रयोग में लाए जाने के कारण भी प्रसिद्ध हैं।

भारत में देश के भीतर हवाई यात्रा करते समय किरपान पर कोई पाबंदी नहीं है। कनाडा में भी देश के भीतर छोटी किरपान पहन कर यात्रा की जा सकती है। विदेशी व अंतर्राष्ट्रीय यात्राओं दौरान अभी इसकी अनुमति नहीं दी गई है। हमारी प्रमुख सिख संसथाओं को चाहिए कि वे इस मामले में संघर्ष करे ताकि सिखों को इस ककार को शरीर से अलग ना करना पड़े। इस समय अधिकतर अमृतधारी व्यक्ति अरदास करके और

सतिगुरू जी से क्षमा मांग कर, किरपान उतार कर अपने सूटकेस में रख लेते है। अपनी मंज़िल पर पहुंच कर, फिर से अरदास करके पहन लेते है। यदि हमारी संस्थाएं अपनी सरकार को इस बात के लिए तैयार कर ले तो फिर अंतर्राष्ट्रीय सरकारों से भी विनती की जा सकती है। इस ककार को बहाल करवा लेना एक बड़ी उपलब्धि कहलवाएगी। कई बार यदि उचित और सही ढंग से इस धार्मिक ककार के बारे में समझाया जाए तो अधिकारी सहमत भी हो जाते है। लंदन में 2012 के ओलंपिक खोलों दौरान अन्य हथियारों पर पाबंदी थी परन्तु किरपान पहन कर जाने की अनुमति दी गई थी। संसार के अधिकतर शैक्षणिक संस्थानों में भी इसकी अनुमति है परन्तु कही–कहीं सही जानकारी के अभाव में इसे केवल हथियार मान लिया जाता है।

कृपा–आन किरपा की श्लाघा और बख्शिश है। सिख पहले संत है और यदि संत पर हमला किया जाए तो संत अवश्य सिपाही बन जाए। गुरमुख संत जन किरपान को कुदरती शक्ति से अग्नि तत्व से जोड़ते है और किरपान को अग्नि का हिस्सा मानते है परन्तु सिख को किरपान को संयम में रखने की ताकीद है।

इस प्रकार निर्णयक रूप से यह कहा जा सकता है कि किरपान एक पवित्र ककार है, जो हमला या आक्रमण करने के लिए नहीं बल्कि अपनी सुरक्षा और शोषित की सुरक्षा के लिए प्रयोग में लाई जाती है। इसका उपयोग अन्याय को रोकने के लिए भी किया जाता है। यह शस्त्र है, जिसके उपयोग की अनुमति खालसाा को उपरोक्त स्थितियों में करने की अनुमति गुरू साहिब द्वारा दी गई है, जब कोई भी तरीका कारगर ना रह जाए, उस समय इसका उपयोग उचित है। हथियार रिवाल्वर, बंदूक और नेज़ा आदि भी रहे परन्तु सतिगुरू जी ने किरपान बख्शिश की है। सतिगुरू जी ने अपने समय दौरान कभी भी गुस्से में या हमला करने के इरादे से इसका उपयोग नहीं किया केवल हिफाज़त के लिए ही इसे उठाया। सतिगुरू जी ने सिंहों को शस्त्रधारी बनाया है और रहतनामा भाई देसा सिंह में लिखा मिलता है :

शसतर हीन कबहू नहि होई
रहितवंत खालसा सोई।।

कछहिरा

पांचवां ककार कछहिरा है, जो सभी अमृतधारी स्त्रियों और पुरुषों को पहनना आवश्यक है। कछहिरे के लिए कपड़ा अपनी पसंद और चुनाव से लिया जा सकता है, जो शरीर के लिए उचित रहे। आम तौर पर कछहिरे के लिए कम से कम दो मीटर कपड़े का उपयोग होता है परन्तु निहंग सिंह और अन्य विहंगम पांच मीटर या इससे भी अधिक कपड़े का इस्तेमाल कर लेते है। कछहिरा एक खास विधि द्वारा बनाया जाता है, इसका आकार नियत नहीं है। परन्तु कछहिरा बनाने के लिए अलग अलग तरीके भी उपलब्ध है। कई पहले इसे थैले के रूप में काट कर बनाते है और बहुत कुछ इसके आकार पर निर्भर करता है। कई निहंग सिंह कछहिरे को घुटनों तक लंबा पहनते है। कछहिरे की मोरी पर भी सिलाई की जाती है। इसकी मोरी खुली नहीं होनी चाहिए। कछहिरा बनाने के लिए कपड़े को पहले तिरछा Diagonal काटा जाता है। इसी कारण इसे रेब कछहिरा भी कहा जाता है। इसे बांधने के लिए नाड़े का प्रयोग किया जाता है, इलास्टिक नहीं डाला जाता। कछहिरे को सभी आसानी से नहीं बना सकते, इसके लिए प्रशिक्षण लेना पड़ता है।

कछहिरा पवित्रता की निशानी है और संत–सिपाही के लिए यह एकदम तैयार बर तैयार पोशाक है। जंग में जाने के लिए अन्य किसी तैयारी की आवश्यकता नहीं पड़ती। कछहिरे को भीतरी और बाहरी दोनों पौशाक के तौर पर इस्तेमाल किया जा सकता है। Under Garment or Outer Garment कछहिरा अपना उद्देश्य निपुणता और कुशलता से पूरा करता है। कछहिरा पहनने वाले को गौरव, प्रशंसा, नम्रता, शर्म, नेकचलन, पवित्रता, सत्य, सम्मान, इज्ज़त और उच्चता का एहसास करवाता है। रेब कछहिरे को तिरछा या विकर्ण तरीके से काटा जाता है। इसलिए इसे ब्रेक वाला कछहिरा भी कहा जाता है क्योंकि जिस प्रकार इसे काटा

और सिला जाता है, वह आपकी जांघों से चिपक जाता है, मानो किसी ने ब्रेक लगाई हो। मान लो, यदि किसी ने Boxer shorts बॉक्सर शार्टस पहने हो और उसे घुटनों के बल बैठना पड़े तो उससे आपके अंग पूरी तरह से ढंके नहीं रह पाएगे जबकि कछहिरा सहजता से आपके अंगों को ढंकता है। कसरत या Excercise एक्सरसाईज़ करते समय भी ऐसा ही होता है। जहां सतिगुरू जी ने अन्य किसी पौशाक पर बंदिश नहीं लगाई परन्तु कछहिरा और दस्तार पहनने का फरमान जारी किया है। कछहिरा एक ही रंग का होना चाहिए ना कई रंगों वाला या डिज़ाईनदार नहीं होना चाहिए। कछहिरे के लिए अधिकतर सूती कपड़े Cotton का ही इस्तेमाल किया जाता है, कपड़े के प्रकार पर कोई नियम नहीं है परन्तु वह पारदर्शी व पतला नहीं होना चाहिए। कछहिरा कपड़ा बचाने के लिए तंग नहीं सिलना चाहिए। मोरियों के अलावा उसे खुला होना चाहिए। कछहिरे को ज़िप नहीं लगाई जाती और इसमें इलास्टिक भी नहीं डाला जाता। परन्तु अमेरिका में इलास्टिक वाले कछहिरों के बारे में सुना गया है। श्री गुरू गोबिंद सिंह जी ने जती होने की निशानी के लिए कछहिरे की बख्शिश की है। श्री गुरू गोबिंद सिंह जी के समय दौरान हुए भाई गुरदास जी अपनी इकतालसवीं वार में सतिगुरू जी के कौतुक के बारे में इस प्रकार वर्णन करते है :

उुह गुरु गोबिंद प्रगटिओ दसवें अवतारा।।
जिन अलख अकाल निरंजना जपिओ करतारा।।
निज पंथ चलायिओ खालसा धरि तेज करारा।।
सिर केस धारि गहि खड़ग को सभ दुसट पछारा।।
सील जत की कछछ पहिर पकड़िओ हथिआरा।।
सच्च फते बुलाई गुरू की जीतिओ रण भारा।।

सतिगुरू जी ने और श्री गुरू ग्रंथ साहिब में ब्रहमचारी, अविवाहित रहना या कुवांरा रहने और घरबार छोड़ देने को मान्यता नहीं दी। फरमान है :

जती सदावहि जुगति न जाणहि छडि बहहि घर बारु।।

(अंग 468)

वैसे इतिहास में छह जतियों के नाम मिलते है, जैसे : गोरख, दता त्रे, हनुमान, भैरव, लक्ष्मण और भीष्म पितामह परन्तु श्री गुरू ग्रंथ साहिब

जी में फरमान है कि यह सब माया में ही घूम रहे है :

छिअ जती मायिआ के बंदा।।
नवै नाथ सूरज अरु चंदा।। (अंग 1160)
इकि बिंदु जतन करि राखदे से जती कहावहि।।
(अंग 418)

पुरातन जती किस प्रकार बना जाए। पुरातन जती इसी प्रकार के होते थे भाई गुरदास जी बयान करते है :

ऐका नारी जती होयि पर नारी धी भैण वखाणै।।

सतिगुरू जी ने एक नारी और पुरुष के लिए आपसी समर्पण की बात की है। जो इस नियम को दृढ़ नहीं रखता, वह व्यक्ति सिखी से पतित हो जाता है। इसे एक ऐब या कुरीति बताया गया है। पराए धन का त्याग करना है। कुछ फरमान इस प्रकार से है :

पर धन पर दारा सिओ रचिओ बिरथा जनमु सिरावै।।
(अंग 632)

पर धन पर दारा पर निंदा इन सिउ प्रीति निवारि।।
(अंग 379)

पर धन पर दारा परहरी।। ता कै निकटि बसै नरहरी।।
(अंग 1163)

ऐसे विचार श्री गुरू गोबिंद सिंह जी से आरंभ नहीं हुए बल्कि सतिगुरू श्री गुरू नानक देव जी द्वारा ही फरमान किए गए कि पराई नारी के साथ प्रीति करना ज़हर खाने के समान है :

पर धन पर नारी रतु निंदा बिखु खाई दुखु पायिआ।।
(अंग 1254)

ऐसा आदेश केवल पुरुषों के लिए ही नहीं है, सरब लोह में स्त्रियों के लिए फरमान है :

चौपई
पर पुरख से रति जे करै।।
जनम अनेक नरक महि गिरे।।
श्री गुरू ग्रंथ साहिब में भी फरमान है :
कामनि चाहै सुंदरि भोगु।।

पान फूल मीठे रस रोग।।
खीलै बिगसै तेतो सोग।।
प्रभ सरणगति कीन्सि होग।।

(अंग 1187)

सतिगुरू जी ने सिखों और स्त्रियों को सादा लिबास बख्शिश किया था परन्तु आजकल के फैशन में स्त्रियों के भड़काऊ लिबास टेलीविज़न, इंटरनैंट और अश्लील फिल्मों में कामदेव की जलती अग्नि पर तेल का काम कर रहे हैं। सतिगुरू जी फरमाते है :

रंना होईआं बोधीआ पुरस होऐ सईआद।।

(अंग 243)

जहां सतिगुरू जी ने सिंहों को काम के वेग को मर्यादा में रखने का आदेश दिया, वहां स्त्रियों के लिए भी यह आदेश दिया :

इसु जग महि पुरखु ऐकु है होर सगली नारि सबाई।।

(अंग 591)

जिस प्रकार परमात्मा एक है, उसी प्रकार ब्याहता स्त्री अपने पति के अलावा अन्य सभी पुरुषों को स्त्रियों समान ही समझे। सतिगुरू जी का स्पष्ट संदेश है कि कामवश हो कर किए गए रस भोग मनुष्य के शरीर को रोगों की खान बना देते है। फरमान है :

कामु क्रोधु कायिआ कउु गालै।।
जिउु कंचन सोहागा ढालै।।

(अंग 932)

सतिगुरू जी दूरदृष्टि वाले थे। मर्यादा में रहने से ऐडज़ जैसी बीमारियां सिखों को छू ना पाए और जगत जूठ तंबाकू की मनाही करके, सिखों को पहले ही कई रोगों से बचा लिया।

एक समय में भाई साहिब हरभजन सिंह योगी जी ने अमेरिकी सरकार को यह मश्वरा दिया और सिफारिश की थी कि जितनी रकम सरकार तंबाकू और ऐडज़ के रोगियों पर खर्च करती है, उतना प्रतिशत सिख संस्थाओं को उनकी जनसंख्या के अनुसार दिया जाना चाहिए क्योंकि सिख इन रोगों के मरीज़ नहीं होते क्योंकि गुरू साहिब ने उन पर ऐसी बख्शिश की है।

जन्मसाखी में उल्लेख मिलता है कि कलयुग जब गुरू नानक साहिब से मिलने आया तो उसने एक हाथ में जिह्वा और दूसरे हाथ में लिंग इन्द्रिय पकड़ रखी थी और शरीर भी नगन था। बेअदबी की माफी मांगने के बाद उसने कहा, कलयुग में मनुष्य इन लक्ष्णों को ही अपनाएगे। संपूर्ण जगत इन दो स्वादों अर्थात् खाने और मैथुन में ही गलतान रहेगा। माता–पिता और गुरू–गुसाईं की शर्म भी त्याग दी जाएगी।

कछहिरा पहनने का आशय केवल जनेन्द्रिय को ढंकना ही नहीं बल्कि मनुष्य को स्व–नियंत्रित करना भी है। सामाजिक ढांचे को कायम रखने के लिए आवश्यक है कि सामाजिक मर्यादा का पालन किया जाए। जहां बाकी कुरीतियां जैसे : तंबाकू सेवन, केश कटवाना और कुठा यानी हलाल खाने पर सतिगुरू जी के रहत का पालन कर, उनसे बेमुख होने पर कोई सजा निर्धारित नहीं की गई है क्योंकि इनके सेवन से शरीर में अनेक रोग उत्पन्न हो सकते है।

परन्तु काम वासना, पर–स्त्री और पर–पुरुष के लिए गुरबाणी में सज़ा संबंधी फरमान अंकित है क्योंकि इसे अति नीच काम कहा गया है। ईसाई धर्म में भी दस ईश्वरी आदेशों Ten commandments के अन्तर्गत व्यभिचार और नाजायज़ संबंधों की मनाही है। काम के वेग के की गई गलती से व्यक्ति कभी मुक्ति प्राप्त नहीं कर सकता बल्कि नर्क में जाकर गिरता है। बार–बार इस भूल के कारण जन्म लेकर दुख झेलता है।

सतिगुरू जी फरमाते है :

रूपै कामै दोसती भुखे सादै गंढु।। (अंग 1288)

पराई सुंदरता को देख कर मनुष्य भूल जाता है। कसुंभा रंग अत्यन्त शौख होता है परन्तु एकदम उतर भी जाता है परन्तु मनुष्य :

बिगसिओ पेखि रंगु कसुंभ को पर ग्रिह जोहनि जायिओ।। (अंग 712)

व्यक्ति समझता है कि कौन देख रहा है। जबकि सतिगुरू जी फरमसाते है :

देयि किवाड़ अनिक पड़दे महि पर दारा संगि फाकै।।
चित्र गुपतु जब लेखा मागहि तब कउुणु पड़दा तेरा ढाकै।।
(अंग 616)

महाराज अनेक तरीको से समझाते है। गुरबाणी के अनेक हवाले इस संदर्भ में अंकित किए जा सकते है। जैसे :

पर त्रिअ रावणि जाहि सेई ता लाजीअहि।।

(अंग1363)

जैसा संगु बिसीअर सिउ है रे तैसो ही इहु पर ग्रिहु।।

(अंग 403)

पर त्रिअ रूपु न पेखै नेत्र।। (अंग 274)

उछलिआ कामु काल मति लागी तउ आनि सकति गलि बांधिआ।।

(अंग 93)

इस विकार के डर से ही कई घरबार छोड़ कर साधू हो गए परन्तु फिर भी कामदेव के तीर से बच नहीं पाए। सतिगुरू जी का फरमान है :

एकि फिरहि उदासी तिन् कामि विआपै।।

(अंग 370)

सहसकृति श्लोकों में पांचवें पातशाह का महावाक्य है :

हे कामं नरक बिस्रामं बहु जोनी भ्रमावणह।।
चित हरणं त्रै लोक गंमं जप तप सील बिदारणह।।

(अंग 1358)

अलप सुख अवित चंचल ऊच नीच समावणह।।
तव भै बिमुंचित साध संगम ओट नानक नारायिणह।।

कामदेव दृष्टि को विकारमूलक करके चित का नाश कर देता है भाव काबू कर लेता है। तीन लोकों में इसकी पहुंच है। जती–तपी, नेक स्वभाव वालों और ऊंच–नीच हस्ती वाले सभी लोगों में कामदेव समाया हुआ है। जिस समय कामदेव की तरंग हावी होती है, उस समय ऊंच–नीच का कोई विचार नहीं रहता। इस कामदेव ने जैमिनी ऋषि, सौरभ ऋषि आदि के चित का भी हरण किया। विश्वामित्र जैसे ऋषि ने भी काम भावना के प्रभाव अधीन अपना कमंडल और माला उतार कर फेंक दिए थे। पराशर ऋषि को नाविक की सुंदर लड़की दरिया पार करवाने लगी तो उसका मन कामदेव के आगे हार मान गया। ब्रहमा, विष्णु और शिवाजी आदि को भी कामदेव ने छला।

स्वर्ग के राजा इन्द्र की कहानी अत्यन्त प्रसिद्ध है। इस प्रकार की असंख्य कथाएं पुरातन ग्रंथों में पढ़ने को मिलती है, जो कामदेव के प्रसंगों से जुड़ी हुई है। कुछेक का हवाला श्री गुरू ग्रंथ साहिब और भाई गुरदास जी की वारों में भी मिलता है। काम का सुख स्वाद भले कुछ क्षणों का ही होता है परन्तु यह मन को अति चंचल बना देता है, जहां गृहस्थ जीवन जीते हुए सतिगुरू जी का आर्शीवाद लेकर :

ऐक जोति दुयि मूरती धन पिरु कहीयै सोयि।।

(अंग 788)

बनना था परन्तु पराए तन के साथ संबंध कायम करने व्यक्ति अपने लिए सराप ले लेता है। सतिगुरू जी फरमाते है :

निमख काम सुआद कारणि कोटि दिनस दुखु पावहि।।

(अंग 403)

गुरबाणी अटल सच्चाई है। एक करोड़ दिनों के 27397 वर्ष बनते है। यदि औसतन उम्र साठ साल मान लिया जाए तो 456 जन्म धारण करने पड़ेंगे, इस भूल के लिए और दुख सहन करने पड़ेंगे।

काम के छल से देवते भी नहीं बचे और पशु–पक्षी भी इसके प्रभाव से नहीं बच सके। भक्त कबीर जी का फरमान है :

कालबूत की हसतनी मन बउुरा रे चलतु रचिओ जगदीस।।
काम सुआयि गज बसि परे मन बउुरा रे अंकसु सहिओ सीस।।

(अंग 335)

हाथियों को पकड़ने के लिए बहुत बड़ा गड्ढा खोद कर उस पर सरकंडों की छत डाल दी जाती है। उस पर कागज़ों की हथनी का बुत बना कर रख देते है । हाथी कामवश हुआ हथनी को देख कर आता है और सरकंडों की छत पर पैर रखने से गड्डे में गिर जाता है। कई दिन भूखा रख कर उसे निर्बल कर, महावत अपने नियंत्रण में कर लेता है। सारी ज़िन्दगी की अधीनगी हाथी के पल्ले पड़ जाती है। एक कवि के कथनानुसार काम का जब ज़ोर पड़ता है तो वह सब कुछ बहा कर ले जाता है :

मात कहित, पुत्री कहित, भगनी1 कहित हित सहित।
नदी उुमडत जब काम की, कहित कहित सभ बहित।

1. बहन.

तभी तो भाई गुरदास जी ने चेतावनी दी है :

देखि पराईआं चंगीआं मावां भैणां धीआं जाणे।।

(भाई गुरदास जी)

सतिगुरू जी ने मनुष्य को भंवरे की तरह ही वर्णित किया है, जो एक फूल से दूसरे, दूसरे से तीसरे और इसी प्रकार भटकता फिरता है। फरमान है :

भवरा फूलि भवंतिआ दुखु अति भारी राम।।

(अंग 439)

सतिगुरू जी ने श्री राग में तो कमाल के विस्मादी बचन किए है :

जे लख इसतरीआं भोग करहि नव खंड राजु कमाहि।।
बिनु सतिगुर सुखु न पावई फिरि फिरि जोनी पाहि।।

(अंग 26)

इसी प्रकार का बचन भक्त त्रिलोचन जी करते है कि जिस की सुरति अंत समय भी इस ओर रहे, उसका हश्र क्या होगा? बार–बार वेश्वा का जन्म मिलेगा। फरमान है :

अंति कालि जो इसत्री सिमरै ऐसी चिंता महि जे मरै।।
बेसवा जोनि वलि वलि अउतरै।।

(अंग 526)

एक बार श्री दशमेश जी को कुछ सिंहों ने पूछा कि जंग–युद्धों में हाथ में आई हिन्दू स्त्रियों को तुर्क भोगते हैं। क्या सिंह भी तुर्की स्त्रियों के साथ ऐसा कर सकते हैं। सतिगुरू जी ने सख्ती से मनाही की और कहा कि हमने खालसा को निराला रखना है। चार कुरीतियों से एक यह है कि पराई स्त्री या पुरुष का संग नहीं करना। दसम पातशाह ने अपने पिता गुरू से मिले मार्गदर्शन का वर्णन इस प्रकार किया है :

"सुध जब ते हम धरी बचन गुर दए हमारे।।
पूत इहै प्रन तोहि प्राण जब लग घट थारे।।
निज नारी के संग नेहु तुम नित बढैयहु।।
पर नारी की सेज भूलि सुपने हू न जैयहु।।
पर नारी के भजे सहस बासव भग पाऐ।।

पर नारी के भजे चंद कलंक लगाऐ।।
पर नारी के हेत दस सीस गवायो।।
पर नारी के हेत कटक कवरन को घायो।।
पर नारी सिउ नेहु छुरी पैनी कर जानहु।।
पर नारी के भजे काल बियापयो तन मानहु।।
अधिक हरीफी जानि भोग पर त्रिआ जो करही।।
हो अंत साव्न की म्रित हाथ लोंडी के मरही।।''

पुरातन सिंह बड़े उच्च चरित्र के थे। खालसा पंथ के इतिहास में ऐसे उदाहरण मिलते है कि दुश्मन लेखक काज़ी नूर मुहम्मद जैसे कट्टर मुसलमान ने सिंहों को (सग) कुत्ते लिखा, परन्तु उसकी कलम से भी सिंहों के उच्च आचरण की प्रत्यक्ष झलक दिखाई देती है। उसने लिखा है कि यह सग या कुत्ते औरतों को माएं, बहनें और बेटियों की तरह मानते है। दुश्मनों की काबू आई औरतों की इज्ज़त की ओर देखते भी नहीं, भले वे कितनी भी सुंदर क्यों ना हों। जब कहीं खालसा जंगलों से निकल गांवों में आ जाता था, तब आम लोगों के मुंह से कहा जाता : ''कुड़ीऐ आऐ ने निहंग, बूहा खोल दे निसंग।'' उस समय पंजाबी की एक बोली आम लोगों की जुबान पर रहती थी, ''छई, रन्न बसरे नूं गई, मोड़ीं भाई कछछ वालिआ।'' इस प्रकार सिख इतिहास से ऐसे कई उदाहरण मिलते है कि जिस काम ने ऋषि मुनियों और देवताओं आदि को अपने अधीन कर लिया, वही कल्गीधर पातशाह के सजाए खालसा के सामने आ कर ढेर हो गया।

सिख कौम के महान् जरनैल स. हरी सिंह नलूआ जी बारे इतिहास में एक घटना मिलती है। दरा खैबर में रात के समय झाड़ियों में छिपे हुए पठान गुल खान और उसकी मंगेतर बानो बातें कर रहे थे। बानो ने कहा, मैं महाराजा रणजीत सिंह के जरनैल हरी सिंह नलूआ से मिल कर पूछना चाहती हूं कि वह कैसा जरनैल है, जिसने पठानों को हरा दिया, वह भी पठानों के इलाके में आ कर, क्योंकि आज तक कोई पठानों को हरा नहीं सका। गुल खान कहने लगा, 'बानो! यह पराई कौम का सरदार है। पराई कौम के सरदार बेटियां–बहनों की इज्ज़त नही करते।' बानो ने कहा, मैंने तो सुना है कि ये गुरू नानक के सिख हैं, ये बहन–बेटियों

की अत्यन्त इज्ज़त करते है। गुल खान के ना चाहते हुए, बानो भाग कर हरी सिंह नलूआ के तंबू के पास आ पहुंची। बाहर दो पहरेदार खड़े थे। उन्होंने पूछा, बीबी तूम कौन हो और क्या चाहिए? उसने कहा, मेरा नाम बानो है और मुझे तुम्हारे सरदार से मिलना है। एक ज़रूरी काम है। पहरेदार ने कहा, तुम बाहर ठहरो, मैं हरी सिंह नलूआ से पूछ कर आता हूं। थोड़ी देर बाद वह बाहर आया और कहने लगा, जा बानो, सिंह साहब तेरा इंतज़ार कर रहे है।

अंदर जा कर बानो ने सति सिरी अकाल कह कर, कहा, 'मैं पूछना चाहती हूं कि आपने दरा खैबर पर कब्ज़ा क्यों किया है। सरदार नलूआ जी ने जवाब दिया कि, हर एक को अपने घर की रक्षा करने का अधिकार है। पंजाब और भारत पर जितने भी हमले हुए है, इसी रास्ते से हुए है। हम लोगों के भले के लिए लड़ते है, जुल्म नहीं करते। इसी कारण वाहिगुरू की कृपा से हमारी जीत होती है। जब हरी सिंह नलूआ ने बानो को प्रेम व धीरज से समझाया तो वह उसकी कायल हो गई। उसने कहा, मैं चाहती हूं कि मेरा पुत्र हो तो वह हरी सिंह नलूआ जैसा ही हो। इस पर नलूआ ने कहा, बानो! शक्ल–सूरत कैसी भी हो, पुत्र नेक होना चाहिए, जो देश और समाज की सेवा करे। यह बात सुन कर बानो कहने लगी, मुझे आप के जैसा ही पुत्र चाहिए। आप मुझ से निकाह कर ले। यह सुन कर नलूआ को गुस्सा आ गया, उसने कहा, बानो! तुम यहां से चली जाओ। तुम मुझे भ्रष्ट करने आई हो। तुम्हें मालूम है, मेरे गुरू साहिब का आदेश है कि पर–नारी को अपनी बेटी और बहन समान समझना है। चली जा यहां से। बानो वापस चलने लगी और जाते–जाते उसने उलाहना दिया, सुना था, गुरू नानक के घर कोई भी जाए, वह खाली नहीं मुड़ता। गुरू नानक का सिख से भी कुछ मांग करने पर वह खाली हाथ नहीं लौटाता। लेकिन यह बात झूठ निकली। मैं गुरू के सिख के घर से खाली हाथ जा रही हूं।

गुरू के सिख के सामने गुरू के नाम की बात हो और वह बेपरवाह बैठा रहे। ऐसा संभव ही नहीं। हरी सिंह नलूआ ने कहा, ठहर जा बानो! हरी सिंह ने अपने हाथ जोड़े, आंखों में प्रेम के आंसू भर आए। आसमान की ओर देखते हुए उसने कहा, तूने मेरे गुरू नानक का नाम लिया है।

मेरे गुरू का दर बहुत ऊंचा है, उसके दर से कभी कोई खाली हाथ नहीं मुड़ता। बानो, आज तुम भी इस सिख के घर से खाली हाथ नहीं लौटेगी। इतना कह कर हरी सिंह ने पहरेदार को बुलाया और बगल के तंबू से दुशाला लाने को कहा। जब पहरेदार कीमती दुशाला लाया तो उसे बानो के सिर पर देने को कहा।

बानो के सिर पर दुशाला देने के बाद हरी सिंह हाथ जोड़ कर उसके सामने खड़ा हो गया और कहा, बानो! तुम्हें हरी सिंह नलुआ जैसा पुत्र चाहिए ...तो आज से यह हरी सिंह नलुआ तुम्हारा पुत्र हुआ और तुम हरी सिंह नलुआ की धर्म की मां हो। इतना कह कर नलुआ ने अपना सिर बानो के पैरों पर रख दिया। यह सब देख कर बानो ज़ार–ज़ार रो दी। उसके आंसू थमने का नाम नहीं ले रहे थे। वह उस महान् योद्धा की ओर देखती, जिसका नाम सुन कर बड़े–बड़े सूरमा कांप उठते थे। रोते हुए बानो ने हरी सिंह नलूआ को उसके कंधे पकड़ कर उठाया और आंसू पोंछते हुए कहने लगी, हरी सिंह! मैं सिख नहीं हूं, सिखों के घर मेरा जन्म नहीं हुआ परन्तु आज मेरा सिर फ़ख्र से ऊंचा हो गया, आज मैं एक सिख की मां बनी हूं। हरी सिंह! धन्य है तेरा गुरू और धन्य है तूं। धन्य है तेरे गुरू की शिक्षा। हरी सिंह! जिस कौम में तेरे जैसे सरदार हो, ऐसी कौम कभी खत्म नहीं हो सकती।' ऐसा कहते और आंखें पोंछते हुए बानो बार बार आर्शीर्वाद देते हुए हरी सिंह नलुआ के तंबू से बाहर निकल गई।

गुरबाणी में पांच विकारों में भी काम के बारे में सबसे पहले लिखा मिलता है। कछहिरा कामेन्द्रिय की नग्नता को ढंक देता है। बहुत सारे शब्दों में सतिगुरू जी ने सिखों को काम से बचने के लिए सतर्क किया है, काम से बचने के लिए पराई सुंदरता को कसुंभे के रंग से उपमा दी गई है, पराए तन का संग, सांप का संग करने समान तुलना दी गई है। व्यक्ति लुक–छिप कर ऐसा कर्म करता है और भूल जाता है कि प्रभु तो अंतर्यामी है और उसके दूत चित्रगुप्त भी अपना कर्त्तव्य करते रहते है। काम का सुख–स्वाद भले कुछ क्षणों के लिए होता है परन्तु यह मन को अति दर्ज़े का चंचल बना देता है। इस के प्रभाव से पशु–पक्षी और देवता भी अछूते नहीं रह पाए। इस संदर्भ में श्री गुरू ग्रंथ साहिब में अनेक उदाहरण मिलते है।

यदि सिख सच्चे मन से सतिगुरू जी का हो जाए तो गुरू साहिब अनेक तरीकों से अपने सिख की रक्षा करते है। भाई जोगा सिंह की होशियारपुर वेश्वा के चौबारे पर जाते समय पहरेदार बन कर रक्षा की। सतिगुरू जी के उपदेशों से, साध–संगत द्वारा कामदेव से बचा जा सकता है। इससे जहां लोग सुखी रहते हुए गृहस्थी जीवन अत्यन्त सुखमय बीतता है। दरगाह में भी शाबाशी मिलती है। सतिगुरू जी ही कृपा करके हमें सुमति बख्शिश करें तो कामदेव के नियंत्रण से बवा जा सकता है। अपने आप को नियंत्रित करने का कोई दावा नहीं कर सकता, क्योंकि :

अजहु सु नाउ समुंद्र महि किआ जानउ किआ होयि।।

(अंग 1366)

सतिगुरू जी के हजूर रक्षा के लिए अरदास करनी ही चाहिए :

काम क्रोध लोभ झूठ निंदा इन ते आपि छडावहु।।
इह भीतर ते इन कउ डारहु आपन निकटि बुलावहु।।

(अंग 617)

सतिगुरू जी ने बख्शिश करके अमृत छकने के उपरांत रहत के बारे में सजग किया, उसे अपनाने से, नितनेम बाणियां पढ़ने, सिमरन करने और साधसंगत में जाने से विषय विकार सिख पर प्रभावी नहीं हो पाते। परन्तु यदि इसके विपरीत जीवन प्रक्रिया हो तो :

खसमु विसारि कीऐ रस भोग।।
तां तनि उठि खलोऐ रोग।।

(अंग 1256)

भोगहि भोग अनेक विणु नावै सुंञिआ।।
हरि की भगति बिना मरि मरि रुंनिआ।।

(अंग 398)

प्रभु जी को भुला देने से गलत विचार और भावनाएं व्यक्ति पर हावी हो जाते है। गुरबाणी में फरमान है कि वही गरीब, नीच और अपवित्र है, जिसने प्रभु को भुला दिया है :

सोई मलीनु दीनु हीनु जिसु प्रभु बिसराना।।
करनैहारु न बूझई आपु गनै बिगाना।।

(अंग 813)

कई व्यक्ति कपड़े उतार कर, नग्न हो कर घूमने लगे और अपेन आप को दिगंबर कहने लगे। कछहिरा नंगा रहने की प्रथा को सिरे से नकारता है। कई लोग घरबार का त्याग करके जंगलों में उदास हो कर चले गए, परन्तु काम का त्याग ना कर पाए। फरमान है :

नगन फिरत जौ पाईयै जोगु।। बन का मिरगु मुकति सभु होगु।।
किआ नागे किआ बाधे चाम।। जब नही चीनसि आतम राम।।

(अंग 324)

इकि फिरहि उदासी तिन् कामि विआपै।।
इकि संचहि गिरही तिन् होयि न आपै।।

(अंग 370)

इसके विपरीत भक्त कबीर जी कहते है कि :

कबीर सुपनै हू बरड़ायि कै जिह मुखि निकसै रामु।।
ता के पग की पानही मेरे तन को चामु।।

(अंग 1367)

जिसु अंतरि प्रीति लगै सो मुकता।।
इंद्री वसि सच संजमि जुगता।।
गुर कै सबदि सदा हरि धिआऐ ऐहा भगति हरि भावणिआ।।

(अंग 121)

इस प्रेम भरी प्रीत को लागू करने के लिए सतिगुरू जी ने फरमाया, जो रहतनामों में बचन मिलते है कि मुझे सिखी रहत प्यारी है ना कि सिख। इसलिए रहत में परिपक्व सिंह और सिंहनियां ही परवान है। रहतनामों में अंकित है :

कछ क्रिपान न कबहूं तिआगे।

कभी भी कछहिरा और किरपान उतार कर नंगे नहीं सोना चाहिए। स्नान करने उपरांत भी अमृतधारी सिखों को यह हिदायत है कि गीला कछहिरा बदलते समय साथ ही सूखा कछहिरा पहन लेना चाहिए। एक पहुंचा गीले को उतार कर सूखे कछहिरे का पहन लेना चाहिए। इतिहास में लिखा मिलता है, जब सतिगुरू जी चमकौर की गढ़ी छोड़ कर जाते समय नंगे पैरों से माछीवाड़ा पहुंचे, वहां असंख्य ज़ख्मों और थकावट के साथ पहुंचे थे। उस समय माछीवाड़े में सतिगुरू जी ने स्नान किया

तो कछहिरा जांघ से चिपक चुका था। सतिगुरू जी ने भाई मान सिंह से कहा, पिता–पुत्र में कोई लाज–शर्म का बंधन नहीं है। इस पर मान सिंह ने गर्म पानी से बहुत धीरे धीरे चिपके हुए कछहिरे को उतारा था।

सतिगुरू जी ने संयम, सुशील पौशाक के रूप में कछहिरा बख्शिश किया है। जहां कई वस्त्रों के साथ जैसे धोती आदि के साथ युद्ध लड़ते समय कठिनाई आती है, वहां कछहिरा नाड़े से बंधा होने के कारण अपने आप में युद्ध के लिए उचित पौशाक है। युद्ध के समय जो पौशाक तन ढंके, घुड़सवारी करते समय परन्तु युद्ध में लड़ाई समय उससे कोई दिक्कत पेश ना आए। शूरवीरों के लिए कसा हुआ लिबास ही दरुस्त है, जिस का शरीर कसा ना हो, वह सुस्त, कमज़ोर और बुज़दिल लगता है। इसलिए युद्ध समय अपने दुश्मन पर प्रभाव डालने के लिए कपड़े, शस्त्र, आंखें, चाल और शरीर का रौब असर डालते हैं। सरब लोह ग्रंथ में भी शूरवीरों के कसे हुए लिबास देखने को मिलते है, उस में तीर चलाने का वर्णन मिलता है :

भट फेर फिरे षस्त्र खायि अरै, दिल खोल लरै बहु–वार प्रहारे।।
ललकार प्रचार अरे समुहे भट, रोस भरे तक षत्रन मारे।।
1. खम ठोक गजे वरयाम बजे कछ काछे कछे सर पुंजन छारे।।
हहकार भिरे भय तयाग लरे गन सूर गजे जगमात प्रचारे।।

1. टेढ़ी बांह का डौला भाव कछु, चुस्त भाव काछ लिबास भाव डौले ठोंक कर योद्धा आपस में टकराने लगे। चुस्त लिबास पहनने के कारण सारे तीरों को चलाते है। कछ–कंधी के लोगों के कपड़े भीगने और लिबड जाने के डर के कारण, भाव कसे हुए लिबास से लिया गया है। शूरवीरों का लिबास युद्ध में सहायक होना चाहिए। श्री गुरू जी इसी भाव के कारण कछ, काछ, कछे क्रिया, कर्म और कर्त्ता के भेद से तीन शब्दों को लिखा है।

जैसे पुरातन समय में गरीब कपड़े वगैरह ना होने के कारण कह देते हैं कि हमारे पास कुछ नहीं हैं। गुरू साहिब ने सभी को बराबरी का भाव दिया और कहा, सभी एक समान है। वर्तमान समय में भी बहुत सारे पुरुष कई कामों में जैसे खेतीबाड़ी जैसे काम करते समय, गर्मियों में कछहिरे और दस्तार के साथ ही काम करते है। स्त्रियां द्वारा कछहिरे

को बाहरी तौर पर नहीं पहना जाता, सिख संस्कृति के अनुसार, ऐसा उचित प्रतीत नहीं होता। सतिगुरू जी के बख्शे चारों ककार कंघा, कड़ा, किरपान और कछहिरा (केश जन्म से ही प्राप्त होते है), बहुत साधरण और सस्ते ही प्राप्त हो जाते है ताकि गरीब से गरीब व्यक्ति भी सिखी को धारण कर सके। इसमें अमीर गरीब का कोई अंतर नहीं है, भले संगत–पंगत हो, भले ककार हो, सब सतिगुरू जी की महान् बख्शिश है। बहुत स्थानों पर अमृत संचार करते समय बिना कीमत के ही ककार भेंट किए जाते हैं।

कछहिरे संबंधी एक और अंतर को भी देखा जा सकता है क्योंकि वेद–पाठ व हवन आदि समय अनसिला कपड़ा पहना जाता है जबकि कछहिरा सिलाई के बिना तैयार नहीं हो सकता। सतिगुरू जी ने खालसा को अन्य धर्मों से विलक्ष्ण पहचान देने और अनूठा व निराला रखने के लिए उसकी ऐसी शख्सियत तैयार की है ताकि उसकी पहचान में कोई भ्रम या भुलावा ना रह जाए। अमृतधारी सिंह–सिंहनियों को धोती, लंगोट या कछछी पहनने की अनुमति नहीं, जिससे पूरा शरीर ढंका ना जा सके। बाणी में फरमान है :

बाबा होरु पैनणु खुसी खुआरु।।
जित पैधै तनु पीड़ीयै मन महि चलहि विकार।।

(अंग 16)

कछहिरा मैला नही रखना चाहिए और ना ही इसे मैला पहनना चाहिए। भले कछहिरा प्रतिदिन स्नान करने के बाद बदला जाता है परन्तु यदि कभी पेशाब की कोई छींट इस पर पड़ जाए तो इसे बदल कर, साबुन से धो लेना चाहिए। इसी प्रकार मासिक धर्म के समय स्त्रियों के कछहिरे पर दाग लग जाए तो गुरबाणी में फरमान है :

मूत पलीती कपड़ु होयि।। दे साबूणु लईयै ओहु धोयि।।
भरीयै मति पापा कै संगि।। ओहु धोपै नावै कै रंगि।।

(अंग 4)

जे रतु लगै कपड़ै जामा होयि पलीतु।।
जो रतु पीवहि माणसा तिन किउ निरमलु चीतु।।

(अंग 140)

कछहिरा पवित्रता का प्रतीक है। इसलिए गुरमुख संत कहते है कि गृहस्थ करने के उपरांत कछहिरा और किरपान का गातरा साबुन से धोना चाहिए। पुरातन सिख व्यावहारिक तौर पर ऐसा करते थे। पवित्रता कायम रखने के लिए सिख दस्तार और कछहिरे को अलग अलग करके धोते है। कछहिरे में जो गांठ बांधी जाती है, वह कछहिरा पहनने वाले व्यक्ति को ज़िम्मेवारी का महत्त्व समझाता है कि वह अपनी कामनाओं और मनोवेग की तरंगों पर निजी कंट्रोल और नियंत्रण करे ना कि अपनी कमजोरी को दूसरे के आचरण पर थोंप दे। कछहिरा रोक है कि हे प्राणी! यह गुरू की रहत है और नाड़ा खोलते समय चेतावनी है कि आप क्या करने जा रहे हो? कहीं काम के प्रभाव अधीन गलत हरकत तो नहीं करने जा रहे? कहीं काम के प्रभाव अधीन गलत हरकत तो नहीं करते जा रहे? यह बजर कुरहित होगी, इससे हर प्रकार से बचना चाहिए। सतिगुरू जी के आगे अरदास करनी होगी। कई शब्दों में ऐसी अरदास अंकित की है, क्योंकि गलत काम नर्क में निवास करवा देता है।

सिख इतिहास में एक घटना का ज़िक्र मिलता है कि एक बार एक सिख बहुत सारे मुसलमानों के हाथ में आ गया और उन्होंने ज़र्बदस्ती पकड़ कर उसकी सुन्नत कर दी। कुछ समय के उपरांत मौका बनते ही वह उनके पंजे से निकल कर गुरुद्वारे पहुंचा, अपनी बेबसी की कहानी सुनाई। सतिगुरू जी ने पूछा, तुमने किसी तुर्क स्त्री का संग तो नहीं किया? इस पर उस सिख ने जवाब दिया कि सतिगुरू जी आप ने कृपा करके मुझे इस कुकर्म से बचाया। सतिगुरू जी ने पांच प्यारों के सम्मुख हाज़िर हो कर सुधार करने को कहा और उसे माफ कर दिया।

जिन हरकतों को सतिगुरू जी ने कुरीति कहा है, अधिकतर वह काम मनुष्य अपनी मर्ज़ी से ही करता है। ऐसी कोई घटना अचानक और संयोग से ही नही घट जाती। सिख को यह याद रखना चाहिए कि मैं गुरू का सिख हूं और ऐसा काम करने से मैं पतित हो जाऊंगा और मेरा मेरे गुरू से रिश्ता टूट जाएगा, खत्म हो जाएगा। सतिगुरू जी फरमाते है कि जो व्यक्ति जीभ और इन्द्रिय के चस्के में फंसा हुआ हो तो वह देखने को भले मनुष्य है परन्तु वास्तव में पशु है। फरमान है :

जिहवा इन्द्री सादि लुोभाना।।
पसू भए नही मिटै नीसाना।।

(अंग 903)

रूपी भुख न उुतरै जां देखां तां भुख।।
जेते रस सरीर के तेते लगहि दुख।।

(अंग 1287)

सतिगुरू जी खालसे की श्लाघा करते हुए उसके लक्षण वर्णित करते है :

खालसा सोयि मान जो तिआगै।।
खालसा जो परत्रिआ ते भागै।।
खालसा सोयि परद्रिसटि तिआगै।।
खालसा सोयि नाम रत लागै।। 28।।

कछहिरे का उल्लेख तेत्रा युग में भी मिलता है। श्री रामचन्द्र के भक्त हनुमान केवल एक कछछ ही पहनते थे। हनुमान को पिछले जन्म में एक साधू का श्राप था। पहले जन्म में हनुमान नहाते हुए एक साधू के कपड़े उठा कर भाग गया था। उस साधू ने बहुत शौर मचाया कि उसके कपड़े उसे लौटा दे। जब ना माना तब साधू ने श्राप दिया कि अगले जन्म में तू केवल कछछ ही पहना करेगा, जिस प्रकार मैं अब हूं। अगर तू कुछ अन्य कोई कपड़ा पहनेगा तब तेरे शरीर में जलन होने लगेगी। भले हनुमान ने लक्ष्मण मूर्छा समय संजीवनी बूटी वाला पहाड ला कर रामचन्द्र जी की प्रसन्नता हासिल की, परन्तु इस श्राप से मुक्ति प्राप्त नहीं हुई थी। भक्त त्रिलोचन जी धनासरी रागु में इस का उल्लेख फरमाते है :

दाधीले लंका गड़ु उुपाड़ीले रावण
बणु सलि बिसलि आणि तोखीले हरी।।
करम करि कछउुटी मफीटसि री।।
(अंग 695)

श्री गुरू नानक देव साहिब जी ने मानव शरीर की दस अवस्थाओं का माझ राग में ज़िक्र किया। उसमें छठीं अवस्था में फरमाते है कि काम के दबाव में मनुष्य सामाजिक रस्मों की भी परवाह नहीं करता। फरमान है :

पंजवै खाण पीअण की धातु।।
छिवै कामु न पुछै जाति।। **(अंग 137)**

भक्त बेणी जी भी पहरिआं की बाणी श्री राग में बयान करते है :

जपु तपु संजमु छोडि सुक्रित मति राम नामु न अराधिआ।।
उछलिआ कामु काल मति लागी तउु आनि सकति गल बांधिआ।। 2।।
तरुण तेजु पर त्रिअ मुखु जोहहि सरु अपसरु न पछाणिआ।।
उनमत कामि महा बिखु भूलै पापु पुंनु न पछानिआ।।
सुत संपति देखि इहु मनु गरबिआ रामु रिदै ते खोयिआ।।
अवर मरत मायिआ मनु तोले तउु भग मुखि जनमु विगोयिआ।। 3।।
पुंडर केस कुसम ते धउुले सपत पाताल की बाणी।।
लोचन स्रमहि बुधि बल नाठी ता कामु पवसि माधाणी।।

(अंग 93)

जिस प्रकार भक्त जी फरमाते है कि जवानी में भी मनुष्य दूसरी औरतों को देखता है, परन्तु बुढापे में भी जब आंखों की रोशनी और जुबान कमज़ोर हो जाती है, बुद्धि कम हो जाए तो भी काम की मथानी शरीर को रगड़ती है। भक्त श्री कबीर जी भी बयान करते है कि यदि व्यक्ति जन्म से पहले किया वचन प्रतिज्ञा निभा जाए तो करोड़ो कीमत रतन भी उसकी कीमत नहीं पा सकते। फरमान है :

कबीर जैसी उपजी पेड ते जउु तैसी निबहै ओड़ि।।
हीरा किस का बापुरा पुजहि न रतन करोड़ि।। 153।।

(अंग 1372)

निर्णयक रूप में, निशचित रूप में यह कहा जा सकता है कि कछहिरा पवित्रता, शुद्धता और निर्मलता का प्रतीक है जो कि जीवित रहते और मरते समय भी पर्दा रखता है। हमारे जांघों की लंबी हड्डियां हमारे शरीर में जाने वाले कैल्शियम भाव चूने का एक तत्व को नियंत्रित करती है। हमारे शरीरिक तापमान को संवेदनशीलता, कोमलता से, कछहिरा चोगा पहना कर गर्म रखता है और शरीरिक तापमान में अचानक तब्दीली को नियंत्रित करता है। हमारे बाईं जांघ की लंबी नाड़ी नाक के बाईं ओर की इड़ा कहलाती है और दायीं ओर की पिंगला यह सुखमना से मिल कर दसम दुआर तक पहुंचती है। योगी लोग इन्हें प्राण अभ्यास में सहायक मानते है। कछहिरा दूसरे चक्र की बिजलाई स्थिरता को, मानवी शक्ति की संगठन प्रणाली को वश में रखने के लिए मदद करता है। कछहिरे

को कुदरती तत्व जल से संबंधित प्रतीक मानते है। अंत में यह कहा जा सकता है कि कछहिरा निपुणता और कुशलता से अपना उद्देश्य पूरा करता है। बनाने के लिए, देखभाल के लिए, धोने के लिए और अपने साथ लिजाने के आसान है। गुरू साहिब जी द्वारा आवश्यक तौर पर पहनने के लिए बख्शिश की हुई प्रेम की भेंट सौगात है और संत सिपाही के लिए प्रयोग में लाने के लिए योग्य लिबास है।

सतिगुरू ने अत्यन्त कृपा कर, इस 5 ककार पुस्तक को लिखवा लियाए बेअंत धन्यवाद।

यह दो पंक्तियां लिख कर क्षमायाचना है जी।

तू ठाकुरो बैरागरो मै जेही घण चेरी राम।।
तूं सागरो रतनागरो हउ सार न जाणा तेरी राम।।

(अंग 779)

हे ज्ञानवान् मालिक प्रभु जी आप जी असंबंधित हो, आप जी के पास मेरे जैसी बहुत दासियां हैं।

जवाहरातों के स्रोत महासागर सतिगुरू जी आप जी का महत्त्व जानने, आप जी की कद्र समझने में मैं असमर्थ हूं।

OOO

सहायक ग्रंथ, पुस्तकें व ट्रैक्ट :

1. श्री गुरू ग्रंथ साहिब जी
2. श्री दसम ग्रंथ जी
3. श्री सरब लोह ग्रंथ जी
4. पुरातन जन्म साखी (भाई बाले वाली)
5. बाणी भाई गुरदास जी
6. बाणी भाई नंद लाल जी
7. केसां दी करामात डॉ. धरमानंत सिंह
8. प्रभु बख्शिश केस ट्रैक्ट संत सेवा सिंह
9. केस क्यों ट्रैक्ट डॉ. तेजिन्द्र सिंह
10. केस चमत्कार ज्ञानी ऊधम सिंह
11. केस प्रसंग डॉ. सरूप सिंह अल्लग
12. रहतनामे संपादक प्यारा सिंह पदम्
13. ककार फिलासफी ज्ञानी लाल सिंह
14. सिख दीआं खूबीआं ट्रैक्ट डॉ. हरजिंदर सिंह दिलगीर
15. Victory & Virtue Sikh Dharma International Tract
16. The Sikh Symbols The Sikh Missionary Society U. K. Tract
17. The Sikh Bangle The Sikh Missionary Society U. K. Tract
18. पंचा के बसि रे जसमेर सिंह होठी
19. दसम दुआरा अगम अपारा जसमेर सिंह होठी
20. सत वार जसमेर सिंह होठी
21. मूल मंत्र विचार जसमेर सिंह होठी
22. संतन की महिमा संपादक जसमेर सिंह होठी